21世纪高职高专规划教材·旅游酒店类系列

酒店餐饮服务技能实训

主　编　杜建华
副主编　杨大波　陈慧泽

清华大学出版社
北京交通大学出版社
·北京·

内 容 简 介

本书根据高等职业教育人才培养目标和高职学生的认知规律,以技能训练为主线、相关知识为支撑而组织编写,全面、系统地介绍了酒店餐饮服务的基本技能、程序与操作标准。全书共分 5 章,内容涉及餐饮服务基本技能、中餐服务、西餐服务、酒吧服务、餐饮其他服务 5 部分。

本书以实训项目为基本单元,注重与实际工作流程相吻合,每个实训项目包括实训目的、实训方法、实训准备、实训内容、程序与操作标准、要点提示、相关知识,便于学生训练和巩固所学技能。

本书既是高职高专院校酒店管理、餐饮管理及相近专业的教科书,也可用作酒店在岗人员培训与自学的参考书。

本书封面贴有清华大学出版社防伪标签,无标签者不得销售。
版权所有,侵权必究。侵权举报电话:010-62782989 13501256678 13801310933

图书在版编目(CIP)数据

酒店餐饮服务技能实训/杜建华主编. — 北京:清华大学出版社;北京交通大学出版社,2009.9(2017.7重印)

(21世纪高职高专规划教材·旅游酒店类系列)

ISBN 978-7-81123-806-8

Ⅰ. 酒… Ⅱ. 杜… Ⅲ. ① 饭店-商业服务-高等学校:技术学校-教材 ② 饮食业-商业服务-高等学校:技术学校-教材 Ⅳ. F719

中国版本图书馆 CIP 数据核字(2009)第 129627 号

责任编辑:吴嫦娥

出版发行:清华大学出版社　　邮编:100084　　电话:010-62776969
　　　　　北京交通大学出版社　邮编:100044　　电话:010-51686414
印 刷 者:北京鑫海金澳胶印有限公司
经　　销:全国新华书店
开　　本:185×230　印张:15　字数:336 千字
版　　次:2009 年 9 月第 1 版　2017 年 7 月第 5 次印刷
书　　号:ISBN 978-7-81123-806-8/F·497
印　　数:12 001～13 500 册　定价:26.00 元

本书如有质量问题,请向北京交通大学出版社质监组反映。对您的意见和批评,我们表示欢迎和感谢。
投诉电话:010-51686043,51686008;传真:010-62225406;E-mail:press@bjtu.edu.cn。

出版说明

高职高专教育是我国高等教育的重要组成部分，它的根本任务是培养生产、建设、管理和服务第一线需要的德、智、体、美全面发展的高等技术应用型专门人才，所培养的学生在掌握必要的基础理论和专业知识的基础上，应重点掌握从事本专业领域实际工作的基本知识和职业技能，因而与其对应的教材也必须有自己的体系和特色。

为了适应我国高职高专教育发展及其对教学改革和教材建设的需要，在教育部的指导下，我们在全国范围内组织并成立了"21世纪高职高专教育教材研究与编审委员会"（以下简称"教材研究与编审委员会"）。"教材研究与编审委员会"的成员单位皆为教学改革成效较大、办学特色鲜明、办学实力强的高等专科学校、高等职业学校、成人高等学校及高等院校主办的二级职业技术学院，其中一些学校是国家重点建设的示范性职业技术学院。

为了保证规划教材的出版质量，"教材研究与编审委员会"在全国范围内选聘"21世纪高职高专规划教材编审委员会"（以下简称"教材编审委员会"）成员和征集教材，并要求"教材编审委员会"成员和规划教材的编著者必须是从事高职高专教学第一线的优秀教师或生产第一线的专家。"教材编审委员会"组织各专业的专家、教授对所征集的教材进行评选，对所列选教材进行审定。

目前，"教材研究与编审委员会"计划用2~3年的时间出版各类高职高专教材200种，范围覆盖计算机应用、电子电气、财会与管理、商务英语等专业的主要课程。此次规划教材全部按教育部制定的"高职高专教育基础课程教学基本要求"编写，其中部分教材是教育部《新世纪高职高专教育人才培养模式和教学内容体系改革与建设项目计划》的研究成果。此次规划教材按照突出应用性、实践性和针对性的原则编写并重组系列课程教材结构，力求反映高职高专课程和教学内容体系改革方向；反映当前教学的新内容，突出基础理论知识的应用和实践技能的培养；适应"实践的要求和岗位的需要"，不依照"学科"体系，即贴近岗位，淡化学科；在兼顾理论和实践内容的同时，避免"全"而"深"的面面俱到，基础理论以应用为目的，以必要、够用为度；尽量体现新知识、新技术、新工艺、新方法，以利于学生综合素质的形成和科学思维方式与创新能力的培养。

此外，为了使规划教材更具广泛性、科学性、先进性和代表性，我们希望全国从事高职高专教育的院校能够积极加入到"教材研究与编审委员会"中来，推荐"教材编审委员会"成员和有特色的、有创新的教材。同时，希望将教学实践中的意见与建议，及时反馈给我们，以便对已出版的教材不断修订、完善，不断提高教材质量，完善教材体系，为社会奉献更多更新的与高职高专教育配套的高质量教材。

此次所有规划教材由全国重点大学出版社——清华大学出版社与北京交通大学出版社联合出版，适合于各类高等专科学校、高等职业学校、成人高等学校及高等院校主办的二级职业技术学院使用。

21世纪高职高专教育教材研究与编审委员会
2009年8月

前　言

本教材是高职高专院校酒店管理专业系列教材之一，主要内容包括：餐饮服务基本技能、中餐服务、西餐服务、酒吧服务、餐饮其他服务5部分。

本教材在内容编排上根据高等职业教育人才培养目标和高职学生的认知规律，以技能训练为主线，相关知识为支撑，将国家有关职业资格考试所规定的职业标准融入教材，力求在编写中坚持以实用为先导，以基本理论指导实训，理论知识强调适用为度，注重技能实训操作规范，保证技能掌握的全面性与专业性，具有较强的实践指导性。

本教材以实训项目为基本单元，注重与实际工作流程相吻合，每个实训项目包括实训目的、实训方法、实训准备、实训内容、程序与操作标准、要点提示、相关知识，以便于学生训练和巩固所学技能。

本书由杜建华任主编，杨大波、陈慧泽任副主编，具体编写分工如下：杜建华，第1章及附录A；陈慧泽，第2章和第5章；杨大波，第3章、第4章及附录B；全书由杜建华统改并定稿；王峰岭负责最后的校对工作。

本书既可作为高职高专院校酒店管理、餐饮管理及相近专业的教材，也可用作酒店在岗人员培训与自学的参考书。

由于编者认识水平及实际工作环境所限，书中难免有疏漏和不妥之处，欢迎广大读者批评指正。

编　者
2009年8月

目 录

第1章 餐饮服务基本技能 ·· (1)
  1.1 托盘服务 ·· (1)
  1.2 斟酒 ·· (6)
  1.3 口布折花 ·· (14)
  1.4 摆台 ··· (41)
    1.4.1 铺台布 ·· (41)
    1.4.2 中餐摆台 ··· (46)
    1.4.3 西餐摆台 ··· (55)
  1.5 上菜 ··· (62)
  1.6 分菜 ··· (70)

第2章 中餐服务 ·· (77)
  2.1 中餐零点服务 ·· (77)
    2.1.1 中餐零点预订 ··· (77)
    2.1.2 餐前准备 ··· (81)
    2.1.3 迎宾服务 ··· (87)
    2.1.4 餐中服务 ··· (92)
    2.1.5 餐后结束工作 ·· (102)
  2.2 中餐宴会服务 ··· (109)
    2.2.1 中餐宴会预订 ·· (109)
    2.2.2 餐前准备 ·· (113)
    2.2.3 迎宾服务 ·· (116)
    2.2.4 就餐服务 ·· (118)
    2.2.5 餐后结束工作 ·· (121)

第3章 西餐服务 ··· (125)
  3.1 西餐零点服务 ··· (125)
    3.1.1 餐前准备 ·· (125)

3.1.2　迎宾服务 ………………………………………………………（133）
　　3.1.3　餐中服务 ………………………………………………………（138）
　　3.1.4　餐后结束工作 …………………………………………………（159）
　3.2　西餐宴会服务 …………………………………………………………（164）

第4章　酒吧服务 ………………………………………………………………（171）
　4.1　营业前的准备 …………………………………………………………（171）
　4.2　迎宾服务 ………………………………………………………………（175）
　4.3　营业中的服务 …………………………………………………………（177）
　4.4　营业后的结束工作 ……………………………………………………（188）

第5章　餐饮其他服务 …………………………………………………………（199）
　5.1　客房送餐服务 …………………………………………………………（199）
　5.2　自助餐服务 ……………………………………………………………（204）
　5.3　酒会服务 ………………………………………………………………（207）
　5.4　会议服务 ………………………………………………………………（210）

附录A　餐厅服务员国家职业标准 ……………………………………………（214）
附录B　某五星级酒店西餐厅正餐零点菜单 …………………………………（226）

参考文献 …………………………………………………………………………（231）

第1章 餐饮服务基本技能

1.1 托盘服务

实训目的

通过教师对托盘服务知识和操作标准的讲解、学生对托盘操作技能的训练，使学生了解托盘的定义、种类和用途，掌握托盘的操作程序与操作要领，达到学生托盘操作平稳、运用自如的训练要求。

实训方法

首先由教师示范讲解，然后学生动手操作训练。在学生操作训练过程中，教师进行指导，学生反复强化训练，达到熟练掌握该项操作技能的目的。

训练的主要内容包括静托（站立）、行走、避让等。

实训准备

圆托盘、长方托盘若干，装满水的啤酒瓶、矿泉水瓶、易拉罐、白酒瓶若干，计时秒表2只，垫布等。

实训内容

① 轻托；
② 重托。

程序与操作标准

1. 轻托

轻托的操作标准与要求见表 1-1。

表 1-1 轻托的操作标准与要求

程序	操作标准与要求	补充说明
理盘	① 根据所托物品选择合适的托盘 ② 将托盘洗净擦干 ③ 如果不是防滑托盘，则在盘内垫上洁净的垫布	垫布需用清水打湿拧干、铺平拉齐
装盘	① 根据托送物品的体积、形状和使用的先后顺序合理装盘，以安全稳当和方便操作为宜 ② 重物、高物放在托盘的内侧，轻物、低物放在托盘的外侧 ③ 先用、先上的物品在上、在前，后用、后上的物品在下、在后 ④ 总体上要求保持托盘内物品重量分布均衡，重心靠近身体	装盘时不要一次装太多的物品，即便多跑几趟，也要保证安全
起托	① 先将托盘一端拖至服务台外，保持托盘的边有 15 cm 搭在服务台上 ② 左手掌心向上，五指分开，左手托住托盘底部，右手握住托盘边 ③ 如果托盘较重，则先屈膝，利用腿部直起的力量将托盘托起	① 保持托盘平稳，动作应一步到位，干净利落 ② 小臂与大臂垂直于左胸前，平托略低于胸前
行走	行走时要头正肩平，收腹挺胸，上身挺直，目视前方，脚步轻快稳健，精力集中，随着步伐移动，托盘在胸前自然摆动，但以菜肴酒水不外溢为标准	面部表情要放松、自然
卸盘	① 将托盘平稳地放在工作台上，再安全取出物品 ② 用轻托方式给客人斟酒时，要随时调节托盘重心，勿使托盘翻倒	动作轻缓，保持托盘重心稳当，盘内物品不能倾斜、落地

2. 重托

重托的操作标准与要求见表 1-2。

表1-2　重托的操作标准与要求

程序	操作标准与要求	补充说明
理盘	① 根据所托物品选择合适的托盘 ② 将托盘洗净擦干 ③ 如果不是防滑托盘,则在盘内垫上洁净的垫布	垫布需用清水打湿拧干、铺平拉齐
装盘	① 根据托送物品的体积、形状和使用的先后顺序合理装盘,以安全稳当和方便操作为宜 ② 重物、高物应放在托盘的中心位置	物品与物品之间应留有适当的距离,以免行走时发生碰撞而产生声响或造成托盘不稳
起托	① 双手将托盘移至工作台的边沿处,使托盘的1/2悬空 ② 右手将托盘扶平,左手伸入托盘底部,五指分开,掌心向上伸平托住托盘底部的中心 ③ 掌握好重心 ④ 右手协助左手向上用力将托盘慢慢托起,在托起的同时转动托盘,使托盘在左旋转过程中送至左肩外上方,待左手指尖向后距肩2 cm处,左手托实、托稳后,再将右手撤回呈下垂姿势	① 双脚分开呈外八字形,双膝屈膝下蹲呈骑马蹲裆式,腰部略向左前方弯曲,左手臂呈轻托起托状 ② 手臂要始终保持均匀用力 ③ 盘底不搁肩,盘前不靠嘴,盘后不靠发
行走	行走时要头正肩平、收腹挺胸,上身挺直,目视前方,要掌握好托盘重心,保持平稳,右手或自然摆动或扶住托盘的前内角,并随时准备防止他人碰撞	面部表情要放松、自然
卸盘	① 右手扶稳托盘,向右旋转托盘 ② 将托盘平稳地放在工作台上,再安全取出物品	动作轻缓,保持托盘重心稳当,盘内物品不能倾斜、落地

1. 轻托动作要领

① 左手托盘,大臂自然下垂,小臂与大臂成90°。
② 五指自然张开,指实而掌心虚,托住盘的中心。
③ 托盘平托于胸前,肘部离腰部约15 cm。
④ 托盘行走时头正、肩平、目视前方、面带微笑。

2. 重托动作要领

① 左手托盘，托盘位于左肩外上方。
② 五指分开，掌心向上伸平托住托盘底部的中心。
③ 托盘行走时头正、肩平、目视前方、面带微笑。

3. 注意事项

无论是轻托还是重托，在操作时都应尽量做到三平、一稳、一松。
① 三平：就是掌握好托盘的重心，做到眼睛平、双肩平、托盘平。
② 一稳：即装盘要合理稳妥，做到托盘平稳不晃动，行走步稳不摆动，转让灵活不碰撞，给人以身稳踏实的感觉。
③ 一松：在托重物的情况下，面部表情要显得轻松自然，行走动作要有一定的节奏感，使整个托盘服务中给人一种优雅轻松之感。

相关知识

1. 托盘定义

托盘是餐厅服务人员在席间为宾客端送物品的常用工具之一。正确地使用托盘，不仅能体现餐厅服务的规范性，而且能省时、省力，提高服务效率。托盘操作是作为一名合格餐厅服务人员必须掌握的一项基本技能，是餐厅服务中具有一定艺术价值的服务活动。

2. 托盘的种类和用途

① 从制作材料上分，有塑料托盘、木制托盘、不锈钢托盘等。
② 按形状分，有圆形托盘、方形托盘、矩形托盘、椭圆形托盘等。
③ 按尺寸分，有大、中、小3种规格。
一般长方形或圆形大托盘用于传菜和搬运较重物品，可以采用双手或重托方法托盘。中圆形托盘一般用于摆台、酒水服务、撤换餐具和换烟灰缸等；小圆形托盘主要用于递送账单、收款、递送信件或高档酒品。
目前，餐厅使用得较为普遍的是胶木托盘，它具有轻便耐用、防滑防腐、使用方便等特点。

3. 托盘的使用方法

托盘的操作方式，一般按盘内物品的重量区分，有轻托和重托两种。

（1）轻托

又称胸前托，一般使用中、小型圆盘，用于运送少量的酒水饮料、餐具、传菜、斟酒、摆台、撤换餐具等，所托物品重量为 5 公斤以内。轻托一般在客人面前操作，因此，该项技能的熟练程度显得十分重要，它是评价餐厅服务人员技能水平高低的一个重要指标。

（2）重托

又称肩上托，一般使用的是质地坚固的大、中矩形托盘，用来运送量多的菜肴和较重的物品，所托物品重量基本上在 5 公斤以上。重托不仅要求有较强的臂力，而且需要有熟练的技术。因盘较大，托物较重，一般不适合在餐桌旁使用，多用于传菜员在厨房与餐厅之间传菜。目前，在餐厅内运送重物时，大部分采用各类餐车推送。

情景训练

1. 空托练习

实训用具：托盘、秒表。
实训目标：基本操作动作练习。
实训要求：依照操作标准练习，要求动作规范、正确。

2. 托砖练习

实训用具：托盘、秒表、砖块、垫布。
实训目标：重物练习，增大臂力。
实训要求：依照操作标准练习，要求动作规范、正确，并逐渐增加重量和实训时间。

3. 托瓶练习

实训用具：托盘、秒表、酒瓶。
实训目标：高物练习，学会调整托盘重心，掌握平衡。
实训要求：依照操作标准练习，要求动作规范、正确，并逐渐增加重量和实训时间。

4. S形行走练习

实训用具：托盘、秒表、酒瓶、障碍物（摆成S形）。
实训目标：托盘行走练习。
实训要求：依照操作标准练习，要求动作规范、正确、迅速。

1.2 斟酒

实训目的

通过教师对斟酒知识和操作要领及标准的讲解、学生对该项操作技能的实践训练，使学生了解斟酒的概念、内容、注意事项等，掌握该项技能的操作程序与操作要领，达到规范操作、技能娴熟的训练要求。

实训方法

首先由教师进行斟酒理论与实践操作的示范讲解，然后学生动手操作训练。在学生操作训练过程中，教师进行指导，学生反复强化训练，达到熟练掌握该项操作技能的目的。

训练的主要内容包括徒手斟酒、托盘斟酒等。

实训准备

圆托盘若干，装满水的啤酒瓶、红酒瓶、白酒瓶、香槟酒瓶若干，啤酒杯、红酒杯、白酒杯、香槟酒杯若干，不同类型的开瓶器、酒钻、毛巾、冰桶、冰块、工作台等。

实训内容

① 示酒；
② 开启酒水；
③ 滤酒；

④ 徒手斟酒；
⑤ 托盘斟酒。

程序与操作标准

1. 开启酒水

开启酒水的操作标准与要求见表1-3。

表1-3 开启酒水的操作标准与要求

程序	操作标准与要求
开瓶	① 开瓶时，要尽量减少瓶体的晃动。将瓶放在桌上开启，先用酒刀将瓶口凸出部分的钻封割除，再用餐巾将瓶口擦净后，将酒钻慢慢钻入瓶塞，动作要准确、敏捷、果断。开启软木塞时，万一软木塞有断裂迹象，可将酒瓶倒置，利用内部酒液的压力顶住木塞，然后再旋转酒钻 ② 开拔瓶塞越轻越好，防止发出突爆声
检查	拔出瓶塞后需检查瓶中酒是否有质量问题，检查的方法主要是嗅辨瓶塞插入瓶内的那部分
擦瓶口、瓶身	开启瓶塞以后，用干净的餐巾仔细擦拭瓶口，香槟酒要擦干瓶身。擦拭时，注意不要让瓶口积垢落入酒中
摆放	① 开启的酒瓶、酒罐可以留在宾客的餐桌上 ② 使用暖桶的加温酒水和使用冰桶的冰镇酒水要放在桶架上，摆在餐桌的一侧 ③ 用酒篮盛放的酒连同篮子一起放在餐桌上 ④ 随时将空瓶、空罐从餐桌上撤下

2. 徒手斟酒

徒手斟酒的操作标准与要求见表1-4。

表1-4 徒手斟酒的操作标准与要求

程序	操作标准与要求	备注
斟酒准备	① 双手消毒 ② 检查酒水质量 ③ 擦拭酒瓶 ④ 准备一块消过毒的服务布巾	仔细认真

续表

程序	操作标准与要求	备注
徒手斟酒	① 斟酒时，服务人员应站在客人身后右侧，按先宾后主的次序斟酒 ② 左手持布巾背在身后，右脚向前一步，身体侧向客人，上身略微前倾，右手持瓶向前伸出 ③ 将酒瓶商标朝向客人，示意一下，待客人认可后再行斟酒 ④ 斟酒时，瓶口不要碰触酒杯，应高于杯口 1～2 cm，要掌握好酒瓶的倾斜度并控制好倒酒的速度 ⑤ 斟酒完毕，要将酒瓶抬高，顺时针旋转 45°后收瓶，使最后一滴酒均匀分布于瓶口，以免滴酒在桌上，并用左手手中的布巾将留在瓶口的酒水拭去	① 表情自然、放松、面带微笑 ② 动作熟练、优美

3. 托盘斟酒

托盘斟酒的操作标准与要求见表 1-5。

表 1-5 托盘斟酒的操作标准与要求

程序	操作标准与要求	备注
斟酒准备	① 检查酒水标志和酒水质量 ② 擦拭酒瓶 ③ 按规范将酒瓶合理摆放在托盘内	认真仔细
托盘斟酒	① 左手托盘，右手持瓶，握住瓶下端，左手向后拉（以不碰触客人为限） ② 站在客人身后右侧，右脚向前一步，身体侧向客人，上身略微前倾，按先宾后主的次序斟酒 ③ 向客人展示酒水、饮料，示意客人选用 ④ 待客人选定酒水、饮料后，用右手从托盘上取下客人所需酒水进行斟倒 ⑤ 斟酒时，瓶口不要碰触酒杯，应高于杯口 1～2 cm，要掌握好酒瓶的倾斜度并控制好倒酒的速度 ⑥ 斟酒完毕，要将酒瓶抬高，顺时针旋转 45°后收瓶，使最后一滴酒均匀分布于瓶口，以免洒在桌上	① 表情自然、放松、面带微笑 ② 动作熟练、优美 ③ 托盘平稳

要点提示

① 斟酒时,要随时注意瓶内酒量的变化情况,以适当的倾斜角度控制酒液的流速,学会巧用腕力。瓶内酒量越少,酒液的流速越快,就越容易溅出杯外。

② 斟酒时,不要站在客人左侧,不能站在一个位置为左右两位客人斟酒,不能隔位斟、反手斟。

③ 如果由于操作不慎,将酒杯碰翻,应向客人表示歉意,并立即将酒杯扶起,检查有无破损,同时用干净的餐巾将酒液吸干,重新斟酒。

④ 瓶内酒水不足一杯时,不宜为客人斟酒,瓶底朝天有失礼貌;切忌一杯酒用两只酒瓶同斟,否则会使宾客误认为自己是多余的。

⑤ 斟啤酒时,因为泡沫较丰富,极易沿杯壁冲出杯外,所以斟酒的速度要慢些,可以沿酒杯的前壁流入杯内,也可分两次斟倒。

⑥ 开启瓶盖或易拉罐时,不要冲着客人,避免气体喷溅到客人身上。

⑦ 酒液、汽水混合在一只杯中时,应先斟汽水后斟酒液,以防汽水对酒液的冲击。

⑧ 零点客人的酒水在斟第一杯后,全部放回客人餐桌上,若有空瓶、罐应及时撤走。

⑨ 斟酒时尽量注意不要影响客人或打扰客人交谈。

⑩ 在宴会中宾主讲话时,服务人员应停止一切活动,端正地静立在适当的位置,并注意宾客杯中的酒水,见喝到只剩1/3时,要及时斟倒。

⑪ 宴会席间主人讲话即将结束时,服务人员要把主人的酒杯及时送上,供主人祝酒。主人离位给来宾敬酒时,服务人员应托着酒瓶跟随主人身后,以便及时给主人或来宾续酒。

相关知识

1. 斟酒前的准备工作

1)备酒

① 从库房领取不多于两天平均销售量的酒水,将瓶身擦净,注意观察商标是否完整。

② 从外观上检查酒水质量:酒水内有无沉淀物、悬浮物、浑浊现象等,瓶身有无破裂。

③ 将酒水分类,并合理摆放。

2）冰镇酒水（降温）

（1）目的

使酒水达到最佳饮用温度。

白葡萄酒、玫瑰露酒、香槟酒、汽水和果蔬汁在斟倒前应冰镇。白葡萄酒的最佳饮用温度为 8 ℃～12 ℃，香槟酒和葡萄酒的最佳饮用温度为 4 ℃～8 ℃，啤酒和软饮料的最佳饮用温度为 4 ℃～8 ℃。

（2）方法

① 冰箱冷藏冰镇；

② 冰块冰镇（准备好需要冰镇的酒品和冰桶，并用冰桶架放在餐桌一侧，桶中放入冰块，冰块不宜过大或过碎，将酒瓶插入冰块中，一般 10 分钟后即可达到冰镇效果）。

此外，要对杯具进行降温处理（即冷酒用冷杯），其方法有：

① 在冰箱内冷藏杯具；

② 溜杯。

3）温酒（升温）

（1）目的

① 使酒水达到最佳饮用温度。

② 黄酒和清酒的最佳饮用温度为 60 ℃。

（2）方法

① 水烫；

② 烧煮；

③ 燃烧；

④ 将热饮料冲入酒液或将酒液注入热饮料中。

4）示酒（验酒）

（1）目的

① 避免差错；

② 表示对宾客的尊敬；

③ 增添餐厅的气氛；

④ 证明一下酒品的可靠；

⑤ 标志着斟酒服务操作的开始。

（2）方法

服务人员站在点酒宾客的右侧，左手持折叠好的餐巾包托着瓶底，右手扶瓶颈，酒标

朝向宾客，让宾客辨认商标、品种。（非冰镇的酒水在示酒过程中，也可以不使用餐巾）

5）准备酒杯

① 为不同的酒配不同的酒杯。
② 服务员摆台前应仔细检查每一只酒杯，看其是否清洁卫生。
③ 擦拭酒杯时，先把酒杯在开水的蒸汽里蒸一下，然后用干净的口布裹住酒杯里外擦拭，直至光亮无痕迹为止。

6）开启酒水

① 使用正确的开瓶器具。
② 开瓶时动作要轻，尽量减少瓶体的晃动。
③ 开启瓶塞后，要用干净的布巾仔细擦拭瓶口，检查瓶中酒液是否有质量问题，检查时可以嗅闻瓶塞插入瓶内的那部分气味是否正常。
④ 开瓶后的封皮、木塞、盖子等杂物，可以放在小盘子里，操作完毕一起带走，不要留在宾客的餐桌上。

7）滗酒

准备一只滗酒瓶、一支蜡烛，轻轻倾斜酒瓶，使酒液慢慢流入滗酒瓶中，注意动作要轻，不要搅起瓶底的沉淀物；对着烛光操作，直到酒液全部滗完，然后手持滗酒瓶，进行斟酒服务。

2. 斟酒服务要求

1）斟酒的姿势与位置

（1）徒手斟酒
服务人员左手持服务布巾，背于身后；右手持酒瓶的下半部，酒标朝外正对客人，右脚前跨踏在两椅之间，斟酒在宾客右侧进行。此种方法多用于零点点餐服务和顾客选用酒水较单一的情况。

（2）托盘斟酒
左手托盘，右手持酒瓶斟酒，注意托盘不可越过宾客的头顶，而应向后自然拉开，注意掌握好托盘的重心。服务员站在宾客的右后侧，身体微向前倾，右脚跨入两椅之间，但身体不要紧贴宾客。此种方法多用于客人人数较多、酒水品种较多的情况。

2）斟酒标准

斟酒标准应视酒品的种类、杯具大小而定。一般来讲，中餐常用酒水——白酒、红酒、啤酒均斟 8 分满，以示对宾客的尊重；西餐斟酒一般红葡萄酒斟至杯的 1/2，白葡萄酒斟至杯的 2/3，白兰地酒斟至酒杯容量的 1/5。斟香槟时，应将酒瓶用服务巾包好，分两次进行，先向杯中斟倒 1/3 的酒液，待泡沫褪去后，再往杯中续斟至杯的 2/3 处为宜。啤酒等含泡沫气泡的酒，斟倒时分两次进行，以泡沫不溢出为准。中西餐饮料均斟 8 分满。

3) 斟酒顺序与时机

(1) 中餐斟酒顺序与时机

① 客人入座前：一般在宴会开餐前 10 分钟将烈性酒和葡萄酒斟好。斟酒时，从主人位置开始，按顺时针依次进行。

② 宾客入座后：依次斟倒啤酒或饮料，斟酒一般是从主宾开始，按男主宾、女主宾、再主人的顺序进行斟倒，以示对客人的尊重。如果是两位值台员同时服务，则一位从主宾开始，另一位从副主宾开始，按顺时针方向进行。

如有冰镇酒或加温的酒，应在宴会开始上第一道热菜前依次为客人斟至杯中。

③ 客人进餐中：宴会进行中的斟酒，应在客人干杯前后及时为宾客添斟酒水；每上一道新菜后也要添斟酒水；当客人杯中酒液不足 1/3 时也要及时添斟；在客人互相敬酒时，要跟随敬酒的宾客及时添斟。

一般酒席斟酒可根据宾客的饮食习惯和要求而定，通常是等宾客到齐后开始斟酒。

(2) 西餐斟酒顺序与时机

西餐宴席用酒较多，几乎每道菜都跟有一种酒，讲究什么菜配什么酒，应先斟酒后上菜。

斟酒顺序为：女主宾、女宾、女主人、男主宾、男宾、男主人。续酒时，可不拘次序。

(3) 中餐宴会斟酒要求

① 斟酒时，服务员站在客人右后侧，选择合适的斟酒方法，用右手举瓶进行斟倒。选用酒水前应先向客人示意一下，如果客人不同意，应立即予以更换。

② 中餐酒席在宾主讲话时，服务员应停止一切活动，端正地静立在僻静的位置上，并要注意宾客杯中的酒水，看见喝到只剩 1/3 左右时，应及时进行斟倒。

③ 席间主人讲话即将结束时，服务员要把主人的酒杯及时送上，供主人祝酒。主人离位给来宾祝酒时，服务员应托着烈性酒和甜酒跟随主人身后，以便随时给主人或来宾续斟。

(4) 西餐宴会斟酒要求

① 西餐对酒水的要求较高，讲究什么菜配什么酒、使用什么样式的酒杯。

② 西餐宴会酒菜搭配如下：

- 上冷盘或海味菜前，斟倒烈性酒，用烈性酒杯；
- 上汤前，斟倒雪利酒，用雪利酒杯；

- 上鱼前，斟倒白葡萄酒，用白葡萄酒杯；
- 上副菜前，斟倒红葡萄酒，用红葡萄酒杯；
- 上主菜前，斟倒香槟，用香槟杯；
- 上甜点前，斟倒甜食酒，用葡萄酒杯；
- 上水果或奶酪前，一般不上酒；
- 上咖啡前，同时斟倒利口酒或白兰地酒，用利口酒杯或白兰地酒杯。

③ 斟酒时，服务员站在客人右后侧操作，按女士优先的原则进行斟倒酒水。

情景训练

1. 示酒练习

实训用具：各类酒水、口布、冰桶、冰块。
实训目标：基本操作动作练习。
实训要求：依照操作要求练习，要求动作规范、正确。

2. 开启酒水练习

实训用具：各类酒瓶、开瓶器、酒钻、小刀、口布、骨碟、餐巾纸。
实训目标：基本操作动作练习。
实训要求：依照操作要求练习，要求动作规范、正确。

3. 滗酒练习

实训用具：滗酒瓶、蜡烛、红葡萄酒。
实训目标：基本操作动作练习。
实训要求：依照操作要求练习，要求动作规范、正确。

4. 徒手斟酒练习

实训用具：啤酒、红葡萄酒、白葡萄酒、香槟酒、软饮料、酒杯、口布。
实训目标：斟酒基本操作动作练习。
实训要求：依照操作标准练习，要求动作规范、正确，斟酒量符合规定要求，没有滴洒。

5. 托盘斟酒练习

实训用具：托盘、啤酒、红葡萄酒、白葡萄酒、香槟酒、软饮料、酒杯、口布。

实训目标：斟酒基本操作动作练习。

实训要求：依照操作标准练习，要求动作标准、优美，不滴不洒，酒量适度，托盘平稳，托盘与身体的距离、服务人员与客人间的距离适当。

1.3 口布折花

实训目的

通过教师对餐巾折花基本理论知识的讲解和操作技能的训练，使学生了解餐巾折花的种类、花型的选择与摆放要求，掌握餐巾折花的基本手法与要领，达到规范操作、熟练折叠的训练目的。

实训方法

首先由教师示范讲解，然后学生动手操作训练。在学生操作训练过程中，教师进行指导，学生反复强化训练，达到熟练掌握该项操作技能的目的。

实训准备

餐巾10块，餐桌、水杯、骨碟、筷子、托盘、秒表等若干。

实训内容

① 餐巾花的9种基本技法训练；
② 餐巾折花训练；
③ 餐巾折花质量与速度训练。

程序与操作标准

餐巾花的操作标准与要求见表1-6。

表 1-6　餐巾花的操作标准与要求

程序	操作标准与要求
折花准备	① 操作前要洗手消毒 ② 准备好已消毒的托盘、水杯、餐巾、筷子 ③ 在干净的台面上操作 ④ 检查餐巾的正反面是否符合要求 ⑤ 了解客人对花式的禁忌和喜好
口布折花	① 简化折叠方法，要求一次成形 ② 餐巾折花设计要求美观和谐，符合宴会类型和特色 ③ 准确使用餐巾折花的折叠方法、技法

要点提示

1. 餐巾花的选择与摆放要求

1）餐巾花的选择要求

餐巾花的选择，一般应根据餐厅或宴会的性质、规模、规格、季节、来宾的宗教信仰、风俗习惯等因素来考虑，以达到布置协调美观的效果。其选择的原则如下。

（1）根据宴会的性质选择花型的类别和总体造型特点

如婚礼可用玫瑰花、并蒂莲、鸳鸯、喜鹊等；祝寿可选用仙鹤、寿桃等；圣诞节可选用圣诞靴和圣诞蜡烛等花型。

（2）根据宴会的规模选择花型

大型宴会可选用简单、快捷、挺括、美丽的花型，且种类不宜过多，每桌可选主位花型和来宾花型两种。小型宴会可在同一桌上使用各种不同的花型，形成既多样又协调的布局。

（3）根据客人身份、宗教信仰、风俗习惯和爱好选择花型

如果客人信仰佛教，宜选择植物类、实物类造型花，不用动物类造型花；如果是信仰伊斯兰教的，则不能用猪的造型花。

美国人喜欢山茶花，忌讳蝙蝠图案；日本人喜爱樱花，忌讳荷花、梅花；法国人喜欢百合，讨厌仙鹤；英国人喜欢蔷薇、红玫瑰，忌讳大象，而且把孔雀看成是淫鸟、祸鸟。

（4）根据宾主的席位安排选择花型

宴会主人座位上的餐巾花称为主花。主花要选择美观而醒目的花型，其目的是使宴

会的主位更加突出，且主花应高于其他席位花。

（5）根据时令季节选择花型

如春天可选用迎春、春芽等花型，夏天宜选用荷花、玉米花等花型，秋天宜选用枫叶、海棠、秋菊等花型，冬天则可选用冬笋、仙人掌、企鹅等花型。

（6）根据花式冷拼图案选择相匹配的花型

如用荷花图案作冷盘的宴会，应配以花类的折花，营造"百花齐放"的氛围；以鱼翅为主的宴会，则可配以各种鱼虾造型的餐巾花。

（7）根据接待环境特点选择花型

开阔高大的厅堂，宜用花、叶、形体高大一些的品种；小型包厢则宜选择小巧玲珑的品种。餐巾的色泽要和台面的色彩和席面的格调相协调。

（8）根据工作忙闲选择花型

工作较闲、时间充裕，可折叠造型复杂的花型；顾客较多、时间紧，可折叠造型较简单的花型。

2）餐巾花的摆放要求

① 插入杯中的餐巾花要恰当掌握深度。

插杯时，要保持花型完整不散形，杯内的餐巾也应线条清楚、整齐。插时要慢慢顺势插入，不能乱插乱塞或硬性塞入。插入后要将餐巾花整理成形，摆正摆稳，使之挺立。

② 主花要摆在主位。

摆放餐巾花时，主花最高，要摆在主人的位置上，副主位为次高花，一般花则摆放在其他宾客的席位上，使整个台面上的花型高低均匀，错落有致。

③ 不同的花型在同桌摆放时，要将形状相似的花错开并对称摆放，一般不宜将形状相似的花型摆在一起。

④ 摆花时要将花型的观赏面朝向宾客席位。

适合正面观赏的餐巾花，如孔雀开屏、白鹤、和平鸽等，要将头部朝向客人；适合侧面观赏的餐巾花，如金鱼、三尾鸟等，要将头部朝向右侧，选择一个最佳观赏的角度摆放。

⑤ 摆放餐巾花时，要间距一致，摆放整齐，长台上的花要摆在一条直线上。

2. 餐巾折花注意事项

① 操作前要洗手消毒。
② 在干净的托盘或台面上操作。
③ 注意操作卫生，操作时不允许用嘴叼、口咬。
④ 了解客人风俗习惯和生活忌讳，慎重选用花型。

⑤ 放花入杯时，要注意卫生，手指不允许接触杯口，杯身不允许留下指纹。

相关知识

1. 餐巾的定义和作用

餐巾（napkin），又名口布、茶巾、席巾，是宴会、酒席及用餐过程中使用的保洁用品，也是一种装饰美化餐台的艺术品。餐巾的主要作用如下。

（1）餐巾是餐饮服务中的一种卫生用品

客人用餐时，把餐巾放在膝盖上，一方面可以用来擦嘴，另一方面也可防止汤汁、油污等弄脏衣服，起到清洁卫生的作用。

（2）餐巾可以装饰、美化席面

服务人员用灵巧的双手精心地折叠，可以把小小的餐巾折叠成栩栩如生的鱼、虫、鸟和形形色色的花卉以及其他造型，摆在餐桌上可起到点缀美化席面的作用，能给宴会增添热烈欢快的气氛，给宾客以一种美的享受。

（3）用无声的语言传递和表达宾主之间的情谊，起到独特的沟通作用

如摆设"迎宾花篮"以示对来宾的欢迎；在结婚喜宴上，采用"喜鹊"、"玫瑰花"等花型，可表达主人对新人美好的祝愿。

（4）餐巾花的摆放可标出主宾的座位

在折餐巾花时，应选择好主宾的花型。主人花型的高度应高于其他席位以示尊贵。

2. 餐巾的种类及特点

（1）全棉和棉麻混纺的正餐餐巾

这类餐巾的特点是：吸水性强、触感好、色彩丰富，但易褪色、不够坚挺，每次洗涤需上浆，平均寿命4～6个月。其规格是边长为50～65 cm的正方形。

（2）化纤餐巾

这类餐巾的特点是：使用寿命较长，色彩丰富，不易褪色，洗后挺括，但触感和吸水性较差。正餐用的餐巾规格是边长为50～60 cm的正方形。一次性使用的的确良薄型餐巾规格一般只有35 cm边长。

（3）维萨餐巾（visa）

这类餐巾的特点是：色彩鲜艳、丰富、挺括、方便洗涤、不褪色并且经久耐用，可用2～3年，但吸水性较差，价格较高。

（4）纸质餐巾

这类餐巾的特点是：一次性使用，规格是边长为35 cm的正方形，成本较低，一般

用在快餐厅和团队餐厅。规格是边长为 50～60 cm 的正方形。纸餐巾可以代替全棉或化纤餐巾使用，但价格稍高。

3. 餐巾花的种类

1）按餐巾花的造型外观分类
（1）动物类

包括鱼、虫、鸟、兽造型，如鸽子、海鸥、孔雀、金鱼等。取其特征，形态逼真，生动活泼，但折叠方法较为烦琐，难度较大。

（2）植物类

包括各种花草和果实造型，如月季、荷花、玉米、竹笋、牡丹等。植物类花折法变化多，造型美观，是餐巾花品种中的一个大类。

（3）实物类

以自然界和日常生活用品中各种实物形态为原型，进行模仿而折成的餐巾花，如花篮、折扇、帽子、领带等。

2）按餐巾花摆放方式分类
（1）杯花

将折好的餐巾插入水杯或葡萄酒杯中，其特点是立体感强、造型逼真，但常用折、捏、卷等复杂手法，容易污染杯具，不宜提前折叠储存，从杯中取出后即散形并且褶皱感强，目前已逐步被盘花所取代。

（2）盘花

将折叠好的餐巾花直接放在餐盘中或台面上，其特点是手法简捷卫生，可提前折叠，便于储存，打开后平整，在西餐厅中广泛使用。

4. 餐巾折花的基本手法

餐巾折花的折叠方法很多，其基本操作技法和要领具体如下。

（1）叠

叠是最基本的餐巾折花手法，几乎所有的造型都要使用。叠就是将餐巾一折为二，二折为四，或折成三角形、正方形、菱形、梯形、锯齿形等形状。叠有折叠、分叠两种。

叠的要领是：要熟悉造型，看准折缝线和角度一次叠成，避免反复，否则就会在餐巾上留下痕迹，使餐巾不挺括，影响美观。

（2）折

折是打褶时用的一种方法，就是将餐巾叠面折成褶裥的形状，使花形层次丰富、紧凑、美观。褶裥时，双手的拇指和食指捏住餐巾，两个大拇指相对成一线，指面向外，中指控制好下一个褶裥的距离，食指的指面握紧餐巾向前推折到中指处，中指再腾出去控制下一个褶裥的距离。

折分为直线折和斜线折两种方法，两头一样大小的用直线折，一头大一头小或折半圆形或圆弧形的用斜线折。

折的要领是：折出的褶裥均匀整齐。

(3) 卷

卷是用大拇指、食指、中指3个手指相互配合，将餐巾卷成圆筒状。卷分直卷和螺旋卷。直卷时，餐巾两头一定要卷平。螺旋卷分两种，一种是先将餐巾叠成三角形，餐巾边参差不齐；另一种是将餐巾一头固定，卷另一头，或一头多卷，另一头少卷，使卷筒一头大一头小。

无论采用哪种卷法，餐巾都要卷的紧凑、挺括，否则会因松软无力、弯曲变形而影响造型。

卷的要领是：卷紧、卷挺。

(4) 穿

穿是指用工具（主要是筷子）从餐巾的夹层折缝中边穿边收，形成皱褶，使造型更加逼真、美观的一种方法。

穿时，左手握住折好的餐巾，右手拿筷子，将筷子细的一头穿进餐巾的夹层折缝中，另一头顶在身子或桌子上，用右手的拇指和食指将餐巾慢慢往里拉，把筷子穿过去，直至把筷子穿出餐巾为止。穿好后先将餐巾花插入杯子内，然后再把筷子抽掉，否则容易松散。遇到双层穿裥时，一般应先穿下面，再穿上面。

穿的要领是：穿好的褶裥要平、直、细小、均匀。

(5) 翻

翻大多用于折花鸟造型。操作时，一手拿餐巾，一手将下垂的餐巾翻起一角，翻成花卉或鸟的头颈、翅膀、尾巴等形状。翻花叶时，要注意叶子对称、大小一致、距离相等；翻鸟的翅膀、尾巴或头颈时，一定要翻挺，不要软折。

翻的要领是：注意大小适宜，自然美观。

(6) 拉

拉一般在餐巾花半成形时进行，把半成形的餐巾花攥在左手中，用右手拉出一只角或几只角来。

拉的要领是：大小比例适当，造型挺括。

(7) 捏

捏主要用于折鸟的头部造型。操作时，先将餐巾的一角拉挺做颈部，然后用一只手的大拇指、食指、中指3个指头捏住鸟颈的顶端，食指向下，将巾角尖端向里压下，用中指与大拇指将压下的巾角捏出尖嘴状，作为鸟头。

捏的要领是：棱角分明，头顶角、嘴尖角到位。

（8）掰

掰一般用于花，如月季花的制作等。将餐巾做好的褶用右手一层一层掰出层次，呈花蕾状。掰时，不要用力过大，以免松散，掰出的层次或褶的大小距离要均匀。

掰的要领是：层次分明，间距均匀。

（9）攥

攥是为使折出的餐巾花半成品不易脱落走样而采用的方法。操作时，用左手攥住餐巾的中部或下部，然后用右手操作其他部位，攥在手中的部分不能松散。

情景训练

实训用具：餐巾 10 块，餐桌、水杯、骨碟、筷子、托盘、秒表等若干。

实训目标：① 餐巾花基本技法的练习。

② 不同杯花、盘花、动物类花、植物类花、实物类花基本折叠方法的练习。

实训要求：① 依据操作要领进行，要求手法规范、熟练。

② 要求准确掌握 20 种餐巾花的折叠方法，并能准确报出花名。

③ 懂得如何选择和应用餐巾花。

④ 按要求在规定的时间内折出指定的 10 种餐巾花，并且花型逼真，造型优美，摆放达标。

各种餐巾花的折叠方法如下。

1. 船形僧帽

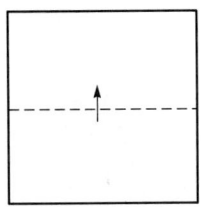

① 将底边向上对折，与顶边对齐

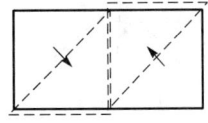

② 按虚线所示将两巾角折叠

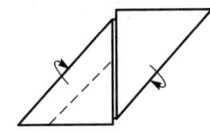

③ 将两边从中缝处向背后折

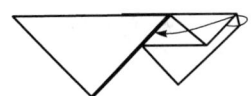

④ 将右巾角插入中间层中

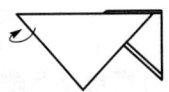

⑤ 左边巾角折向背面，插入中间夹层中

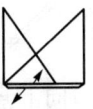

⑥ 将底部抻开成圆形

⑦ 放入盘中，整理成形

2. 玉带鸟

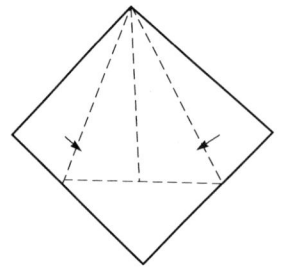

① 将左右两边巾角向下折，在中间对拢

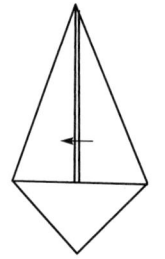

② 从右向左对折

③ 沿斜边向上直线捏折

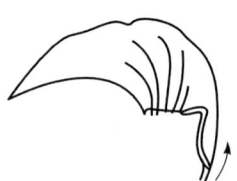

④ 将底角拉上做头

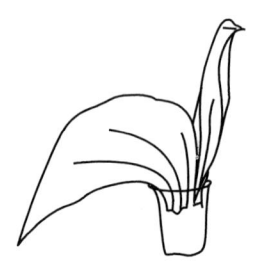

⑤ 放入杯中，整理成形

3. 一片叶

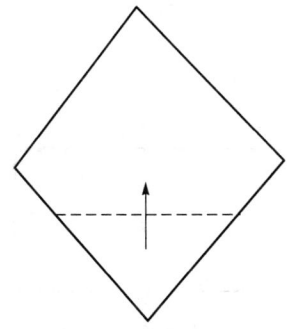

① 将底角向上折 1/3 左右

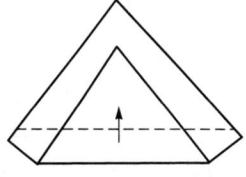

② 将折后的底边再向上折过中线

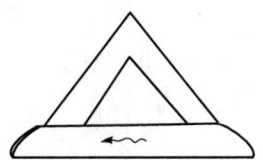

③ 在底边处从中间向两边均匀捏折

④ 将余下的两边角向后包住底部

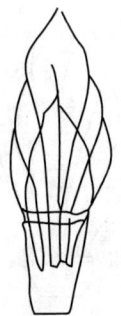

⑤ 放入杯中，整理成形

4. 仙人掌

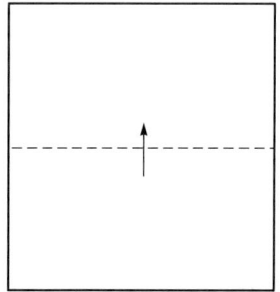

① 对底边向上对折，与顶边对齐

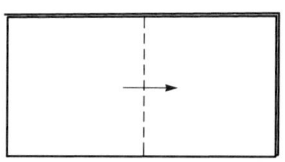

② 从左向右对折

③ 按曲线指示方向，从中间向两边均匀捏折

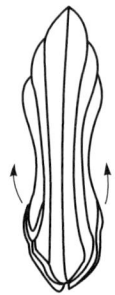

④ 将底边向上折，包住底部

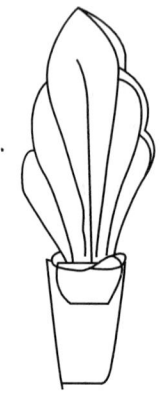

⑤ 放入杯中，整理成形

5. 驼背鸟

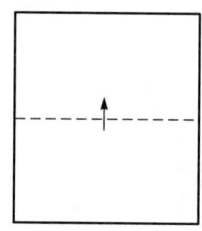

① 将底边向上对折，与顶边对齐

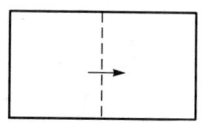

② 从左向右对折

③ 按曲线指示方向，从中间向两边均匀捏折

④ 将底巾角拉上一层做头

⑤ 用剩余部分包住底部

⑥ 放入杯中，整理成形

6. 四尾金鱼

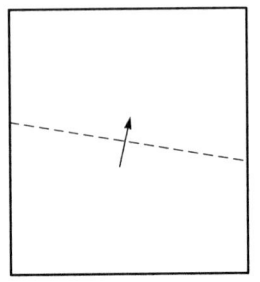

① 将底边微斜向顶边对折

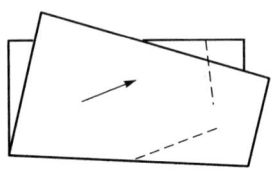

② 将左边向右折至虚线标明的位置

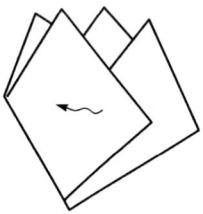

③ 从中间向两边均匀捏折

④ 将左边巾角折上做头，右边巾角折上做尾

⑤ 放入杯中，整理成形

7. 双叶

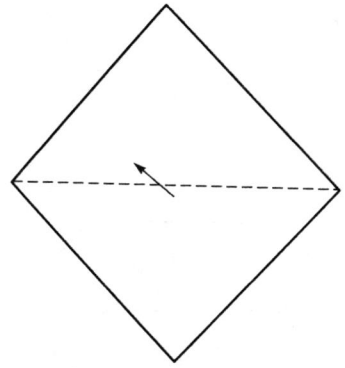

① 将底角向斜上方对折

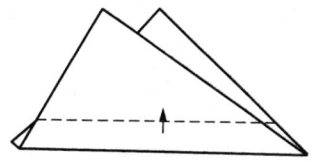

② 将底边向上折 1/4 左右

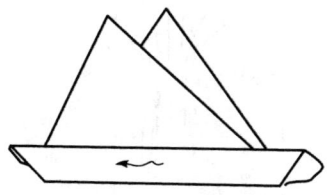

③ 从中间向两边均匀捏折

④ 将余下的巾角包住背面

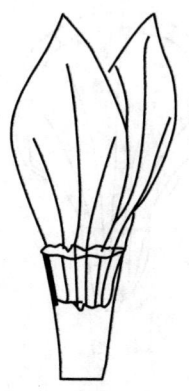

⑤ 放入杯中，整理成形

8. 灵芝菇

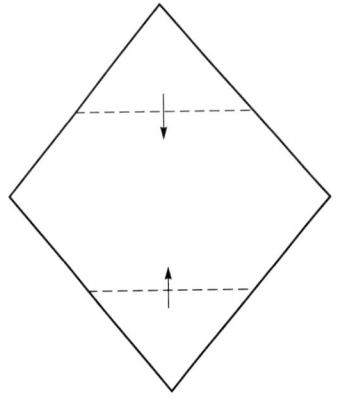 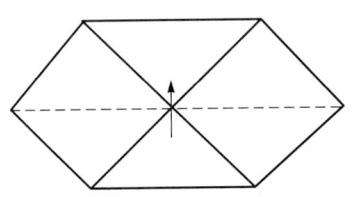

① 将上下角分别向中线折拢　　② 将底边向上对折

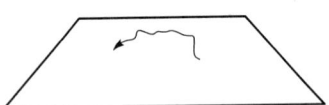 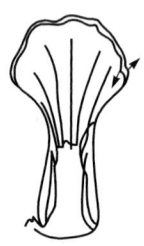

③ 从中间向两边做弧形捏折　　④ 将底边两巾角一起折向一侧，打开顶部双层

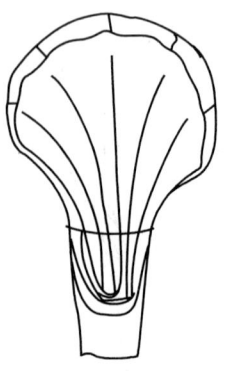

⑤ 放入杯中，整理成形

9. 孔雀开屏（一）

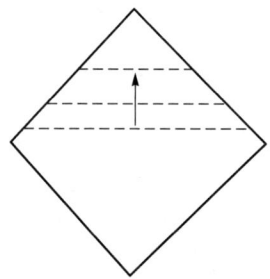 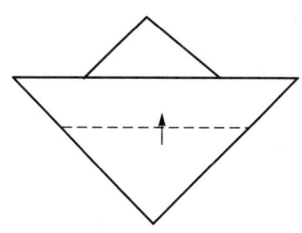

① 按虚线所示向顶上压折一层　　② 再将底角折上，与背面底边取齐

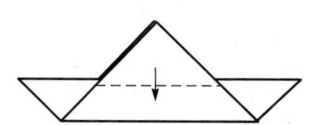 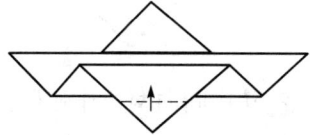 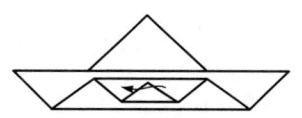

③ 再将此角向下折2/3左右　　④ 继续将此角向上折1/3左右　　⑤ 将曲线所示从中间向两边均匀捏折

 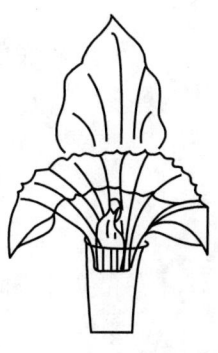

⑥ 拉出夹缝中的巾角做头　　⑦ 放入杯中，整理成形

10. 孔雀开屏（二）

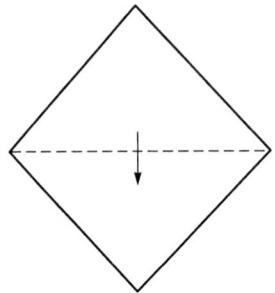

① 将顶角向下对折

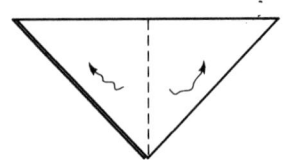

② 从中间向两边作弧形捏折

③ 将底角翻上一层做头，另一层包住底部

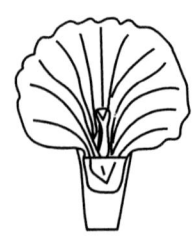

④ 放入杯中，整理成形

11. 鸡冠花蕊

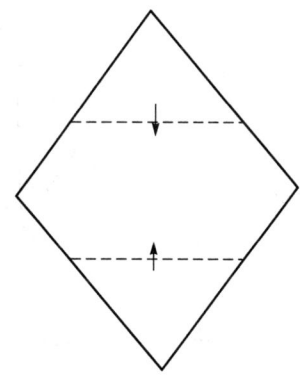
① 将上下顶角向中间对拢

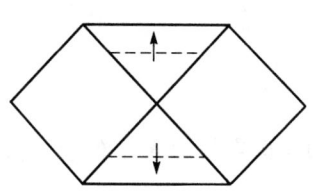
② 再将相对两角分别向外折2/3左右

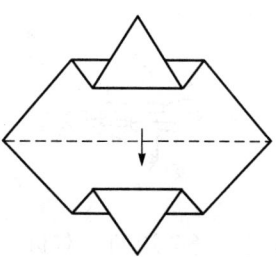
③ 将顶角向下对折与底角对齐

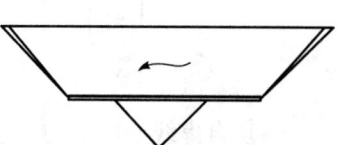
④ 从中间向两边均匀捏折

⑤ 将余下的两边巾角向后包住底部

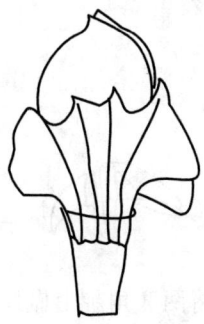
⑥ 放入杯中,整理成形

12. 花背鸟

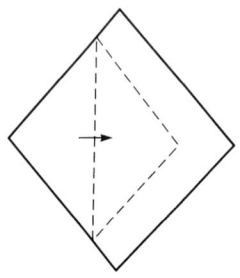 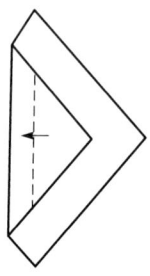 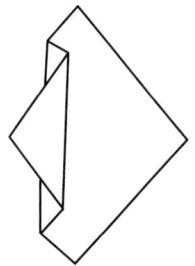

① 将左侧巾角向右折1/3 左右　② 再将此角向左折2/3　③ 右角同左边一样折

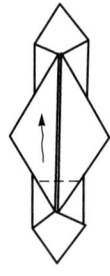 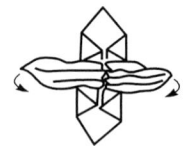

④ 自虚线处向上均匀捏折　⑤ 将两边向下对折

⑥ 先将两底角翻上做翅膀，再将右巾角拉上做头　⑦ 放入杯中，整理成形

13. 蝴蝶花

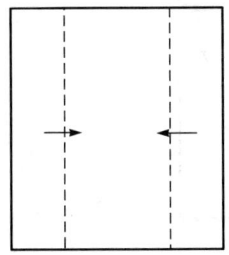 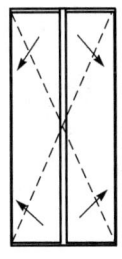 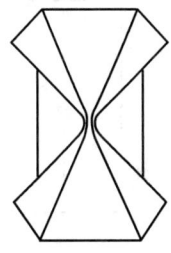

① 将两侧方巾向中间对折　　② 4 巾角按指示方向折　　③ 成此图形，翻过背面

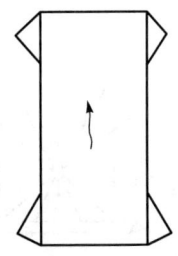 

④ 从底边向上均匀捏折　　⑤ 两边向上对折

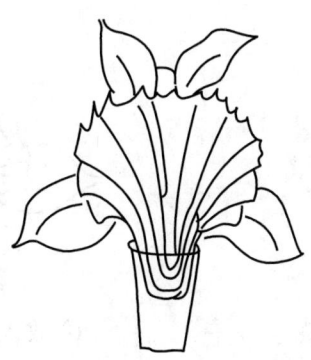

⑥ 放入杯中，整理成形

14. 蝴蝶

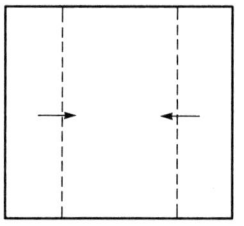 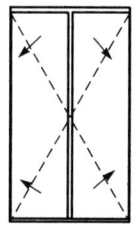

① 将两边向中间对拢　　② 按指示方向分别折下 4 巾角

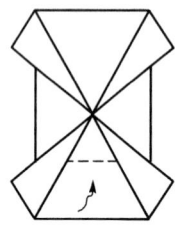 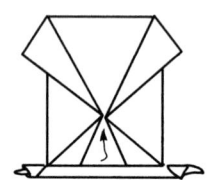

③ 从底边向上卷至 1/4 处　　④ 再继续向上均匀捏折

 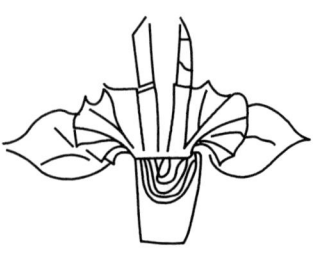

⑤ 将两边向下对拢　　⑥ 放入杯中，整理成形

15. 枫叶

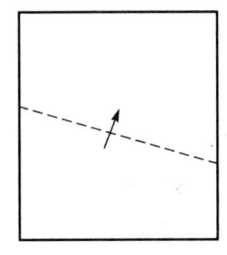 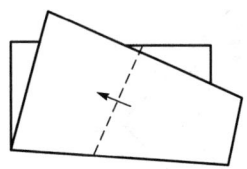

① 将底边微斜向上折　　② 从右向左与左边两角交错对折

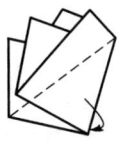 

③ 将底角向背面折，与4角平行相对　　④ 从中间向两边均匀捏折

⑤ 成此图形　　⑥ 放入杯中，整理成形

16. 非洲鸵鸟

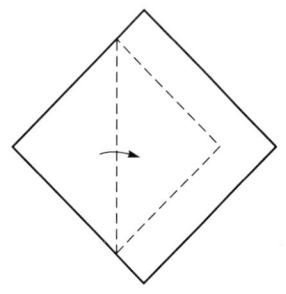 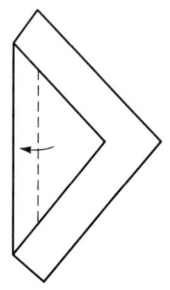 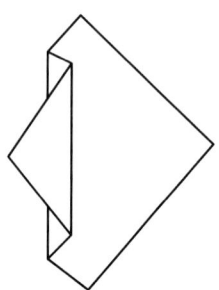

① 将左侧巾角向右折 3/4 左右　② 再将此角向左折 2/3 左右　③ 右侧巾角同样翻折

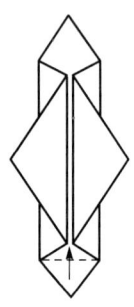 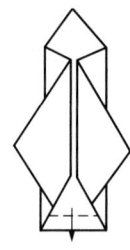 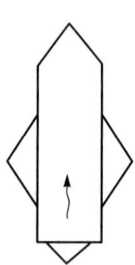

④ 将底角上折　⑤ 再将此角向下折 2/3 左右　⑥ 翻过背面，从底边向上均匀捏折

  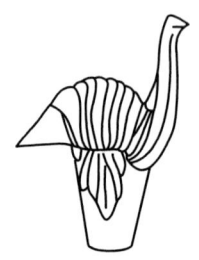

⑦ 将两边巾角向下对拢　⑧ 将底巾角拉上做头　⑨ 放入杯中，整理成形

17. 和服归箱

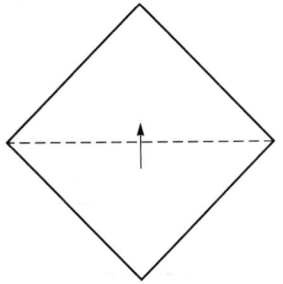 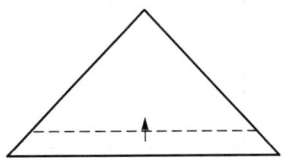

① 将底角向上对折，与顶角对齐　　② 将底边向上折1/5左右

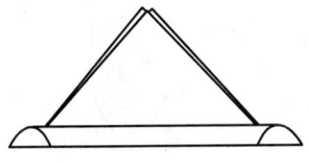 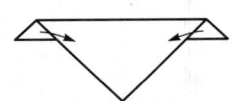

③ 将方巾翻过背面　　④ 将两边巾角向中间交错对拢呈衣领状

 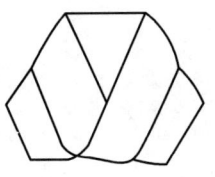

⑤ 将左右两边角向背后折，再按虚线的大概位置向背后折上底角，半插入折间里　　⑥ 放入盘中，整理成形

18. 单叶荷花

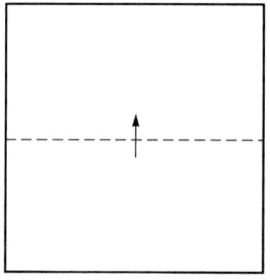 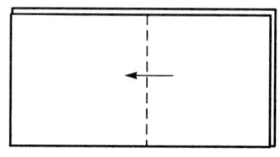

① 将底边向上对折，与顶边对齐　　② 从右向左对折

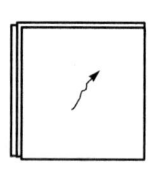 

③ 按曲线指示方向从中间向两边均匀捏折　　④ 将底角折上1/3左右，放入杯中

⑤ 打开4巾角，整理成形

19. 大鹏展翅

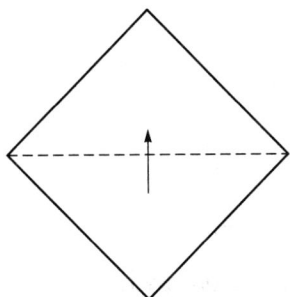
① 将底角向上对折

② 将底边两角从内侧向顶角对拢

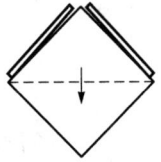
③ 将正面、反面外层巾角分别向下对折

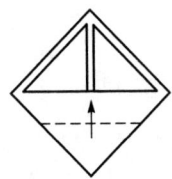
④ 再将正面折下的巾角向上折2/3左右

⑤ 翻过背面从中间向两边均匀捏折

⑥ 将底部外层巾角拉上做头，剩下的底部巾角包住底部

⑦ 放入杯中，拉下背面的小巾角做尾，整理成形

20. 翠叶长青

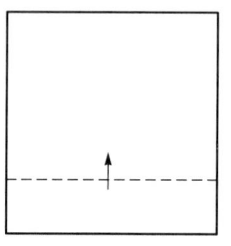

① 将底边向上折 1/4 左右，翻过背面

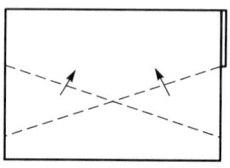

② 将底边两角分别向斜上方折，在中间处交错对拢

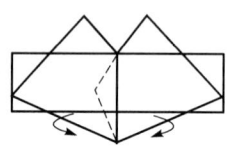

③ 将底角边向内侧折，与背面长方形底边平行

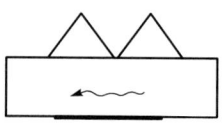

④ 从中间向两边均匀捏折

⑤ 成此图形，放入杯中

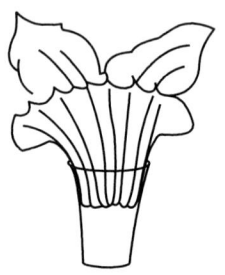

⑥ 将捏折后的方巾打开成扇形，整理成形

1.4 摆台

1.4.1 铺台布

实训目的

通过教师对铺台布基本理论知识的讲解和学生操作技能的训练，使学生了解台布的种类、规格及铺台布的方法，掌握其操作技巧与标准，达到操作规范、一次到位、符合标准的训练目的。

实训方法

首先由教师示范讲解，然后学生动手操作训练。在学生操作训练过程中，教师进行指导，学生反复强化训练，达到熟练掌握该项操作技能的目的。

实训准备

餐桌、服务桌、餐椅、台布、台裙、秒表等。

实训内容

① 折叠台布；
② 中餐铺台布；
③ 西餐铺台布。

程序与操作标准

1. 中餐铺台布

中餐铺台布的操作程序与标准要求见表 1-7。

(1) 操作程序与标准要求

表 1-7　中餐铺台布的操作程序与标准要求

程序	操作标准与要求
选台布	① 洗净双手，根据周围环境选用合适颜色和质地的台布 ② 根据桌子形状和大小选择合适规格的台布
检查台布	认真仔细地对台布进行检查，如发现台布过旧、有破损和污迹等问题，要予以更换
铺台布	① 抖台布：要求用力不要太大，动作要熟练、干净利落、一次到位 ② 定位：要求台布正面向上，台布中心对正桌子中心位置，台布舒展平整，四角下垂，台布四角对正桌边 ③ 整平：整理台布使其平整无皱褶
围台裙	沿顺时针方向将台裙布用尼龙搭扣或按钉固定在餐桌上，台裙布的折褶要均匀平整

(2) 操作方法与要领

中餐铺台布的方法主要有以下 3 种，其操作程序与要领见表 1-8～表 1-10。

表 1-8　推拉式铺台布的操作要领

程序	操作要领
抖台布	① 正身站于副主人位 ② 双手将台布向餐位两侧打开
拢台布	① 双手拇指和食指捏住台布 ② 双手将台布收拢于身前，身体朝前微弯
推台布	① 双手把台布沿桌面迅速用力推出 ② 捏住台布边角不要松开
台布定位	① 台布下落时，缓慢把台布拉至桌子边沿靠近身体处 ② 调整台布落定的位置

表 1-9　抖铺式铺台布的操作要领

程序	操作要领
抖台布	① 正身站于副主人位 ② 双手将台布从中线处打开抓好
拢台布	① 双手拇指和食指捏住台布 ② 双手将台布收拢于身前，身体朝前微弯
铺台布	① 手腕用劲，将抓起的台布抛向主人位一侧，将台布一次抖开铺在台面上 ② 捏住台布边角不要松开
台布定位	① 台布下落时，缓慢把台布拉至桌子边沿靠近身体处 ② 调整台布落定的位置

表 1-10　撒网式铺台布的操作要领

程序	操 作 要 领
抖台布	① 正身站于副主人位 ② 双手将台布向餐位两侧打开
拢台布	① 双手拇指和食指捏住台布 ② 收拢于身前 ③ 右臂微抬，呈左低右高式
撒台布	① 腰向左转或右转 ② 手臂随腰部转动并向侧方挥动 ③ 双手除捏握台布边角的拇指和食指，其余四指松开
台布定位	① 台布下落时，拇指和食指捏住台布边角 ② 调整台布落定的位置

2. 西餐铺台布

西餐铺台布的操作要领见表 1-11。

表 1-11　西餐铺台布的操作要领

台形	操 作 要 领
"一"字形台	① 服务人员站在餐台长侧边 ② 把台布横向打开 ③ 双手捏住台布一侧边，将台布送至餐桌另一侧 ④ 把台布从餐台另一侧向身体一侧慢慢拉开 ⑤ 台布中鼓缝要向上，四周下垂部分均等 ⑥ 铺好的台布平整、无皱褶和突起
较大的"一"字形台、"U"字形台或"T"字形台	① 将几块台布拼铺在一起 ② 拼铺时，两块或多块台布的鼓缝方向一致 ③ 台布连接边沿要重叠 ④ 台布下垂部分要平行相等 ⑤ 铺好的台布平整、无皱褶和突起

要点提示

① 铺台布时，台布不能接触地面。
② 台布中间折纹的交叉点应正好在餐台的中心处。
③ 台布正面凸缝朝上，中心线直对正、副主人席位。

④ 台布四角呈直线下垂状，下垂部分距地面距离要相等。
⑤ 铺好的台布应平整无皱褶。
⑥ 铺好台布后，应将拉出的餐椅送回原位。
⑦ 西餐宴会一般选用长台，由 2～4 个服务员分别站在餐桌两侧，把第一块台布铺到位后再铺第二块。要求台布正面向上，中线相对，每边一致，台布两边压角部分做到均匀、整齐、美观。

相关知识

1. 台布的种类与规格

台布是餐厅摆台所必备的物品之一。台布的规格及色泽的选择应与餐台的大小、餐厅的风格协调一致。

（1）台布的种类

台布的种类很多，主要有以下 4 种。

① 按台布的质地分，主要有纯棉台布、化纤台布、塑料台布、绒质台布等。其中，纯棉台布因吸湿性能好，大多数餐厅均采用纯棉提花台布。

② 按台布的图案分，有提花、团花、散花、工艺绣花等。其中，提花图案的台布使用较多。

③ 按台布的颜色分，有白色、黄色、粉色、红色、绿色等。其中，白色使用较多。

④ 按台布的形状分，有正方形台布、长方形台布、圆形台布。其中，正方形台布常用于方台或圆台，长方形台布则多用于西餐各种不同的餐台，圆形台布主要用于中餐圆台。

（2）台布的规格

台布的规格大小有多种，使用时应根据餐桌的大小选择适当规格的台布。常见的方台布规格有如下几种。

① 140 cm×140 cm，适用于 90 cm×90 cm 的方台上。
② 160 cm×160 cm，适用于 100 cm×100 cm、110 cm×110 cm 的方台上。
③ 180 cm×180 cm，适用于直径 150 cm、160 cm 的圆台上。
④ 200 cm×200 cm，适用于直径 170 cm 的圆台上。
⑤ 220 cm×220 cm，适用于直径 180 cm 或 200 cm 的圆台上。
⑥ 240 cm×240 cm，适用于直径 220 cm 的圆台上。
⑦ 260 cm×260 cm，适用于直径 240 cm 的圆台上。

除了方台布外，还有长方形台布，如 160 cm×200 cm、180 cm×300 cm 等不同规格。这类台布主要用于长方台及西餐的各类餐台，可根据餐台的大小和形状选用不同数量的台布，一块不够用时可随意拼接，在拼接时应注意将接口处接压整齐。

圆形台布的规格各有不同，一般的圆形台布多见于定型特制，即根据餐台的大小将台布制成大于餐台直径 60 cm 的圆形台布，使台布铺于餐台上圆周下垂 30 cm 为宜。

2. 中餐铺台布的方法

中餐铺台布的方法主要有以下 3 种。

（1）推拉式

服务人员站在副主人位置上，右脚向前迈一步，上身前倾，将台布正面朝上打开，用两手的大拇指和食指分别夹住台布的一边，其余三指抓住台布，用两手臂的臂力将台布沿着桌面向胸前合拢，然后沿着桌面用力向前推出、拉回，铺好的台布十字取中，四角均匀下垂。

这种方法主要适用于零餐餐厅或较小的餐厅，因有客人就座于餐台周围等候用餐时或餐厅地方较小时也可采用这种方法。

（2）抖铺式

服务人员站在副主人位置上，右脚向前迈一步，上身前倾，将台布正面朝上打开，用两手的大拇指和食指分别夹住台布的一边，其余三指将多余的台布提拿于胸前，身体呈正位站立式，利用双腕的力量，将台布向前一次性抖开，然后拉回，平铺于餐台。

这种方法适用于较宽敞的餐厅或在周围没有客人就座的情况下进行。

（3）撒网式

服务人员站在副主人位置上，右脚向前迈一步，上身前倾，将台布正面朝上打开，用两手的大拇指和食指分别夹住台布的一边，其余三指抓住多余台布提拿起至左肩后方，上身向左转体，下肢不动并在右臂与身体回转时，台布斜着向前撒出去，将台布抛至前方时，上身同时转体回位，台布平铺于台面上。

这种方法适用于宽大的场地或技术比赛场地。

情景训练

1. 折叠台布

实训用具：餐桌、餐椅、台布、台裙、秒表等。

实训目标：通过操作练习，掌握一人操作与两人合作折叠台布的方法。

一人操作方法：先将台布中心线合起，使台布形成两折叠，然后对折一下，将四折叠后的长形台布放在桌子上继续对折成八折后，再对折一次，最后放在指定位置上。

两人合作操作方法：两人共同提起中心线，沿着折叠痕对折，然后再对折一次。双手捏住两端，两人一起将台布扯平，注意不要起褶，再将台布两端对齐，最后由一个人再对折一次，将折好的台布放在指定的位置上。

实训要求：① 依据操作程序与标准练习，要求操作程序正确，动作规范。
② 速度与质量均符合操作要求。

2. 中餐铺台布练习

实训用具：圆桌、餐椅、台布、台裙、秒表等。
实训目标：基本操作程序、操作标准练习。
实训要求：① 依据操作程序与标准练习，要求操作程序正确，动作规范。
② 速度与质量均符合操作要求。

3. 西餐铺台布练习

实训用具：餐桌、餐椅、台布、秒表等。
实训目标：基本操作程序、操作标准练习。
实训要求：① 依据操作程序与标准练习，要求操作程序正确，动作规范。
② 速度与质量均符合操作要求。

1.4.2 中餐摆台

实训目的

通过对中餐摆台基础知识的讲解和操作技能的训练，使学生了解中餐摆台的要求及摆台用具，掌握各种中餐摆台的操作程序与标准，达到操作规范、技能娴熟的训练要求。

实训方法

首先由教师示范讲解，然后学生动手操作训练。在学生操作训练过程中，教师进行指导，学生反复强化训练，达到熟练掌握该项操作技能的目的。

实训准备

圆桌、服务桌、餐椅、台布、台裙、转盘、餐巾、骨碟、汤碗、汤勺、味碟、筷架、筷子、白酒杯、红酒杯、水杯、烟灰缸、牙签筒、菜单、花瓶、台号、托盘、秒表等。

实训内容

① 中餐便餐（零点）摆台；
② 中餐宴会摆台。

程序与操作标准

1. 中餐零点摆台

由于零点餐厅布局相对固定，无须餐餐变化，且就餐者无主客之分，所以只需根据餐别准备物品，进行桌面摆放即可。

（1）中餐早餐摆台

中餐早餐摆台的操作标准与要求见表1-12。

表1-12 中餐早餐摆台的操作标准与要求

程序	操作标准与要求
铺台布	按中餐铺台布的方法铺好台布
放转盘	把转盘放在转轴上，转轴处于桌子正中心，用手测试一下转轴转动是否正常 要求转盘居中摆放，注意检查转轨旋转是否灵活
骨碟定位	骨碟摆在席位正中，距桌边1.5 cm
摆放汤碗和汤勺	汤碗摆在骨碟左侧1 cm处，中心线在一条直线上，汤勺置于汤碗中，勺把向左
摆放筷架和筷子	筷架摆在骨碟右侧，筷架在筷子上部1/3处，筷子放在筷架上，距骨碟1 cm，筷尾距桌边1.5 cm
摆放茶碟和茶杯	茶碟摆在筷子右侧1 cm处，下沿距桌边1.5 cm，茶杯反扣在茶碟内，杯耳朝右与筷架平行
摆放公用餐具	将花瓶放在餐桌中心，台号摆在花瓶前，正朝餐厅大门；牙签筒放在花瓶的左侧，烟灰缸放在右侧
摆放餐巾花	将折叠好的盘花置于骨碟内

（2）中餐午、晚餐摆台

中餐午、晚餐摆台的操作标准与要求见表1-13。

表1-13 中餐午、晚餐摆台的操作标准与要求

程序	操作标准与要求
铺台布	按中餐铺台布的方法铺好台布
放转盘	把转盘放在转轴上,转轴处于桌子正中心,用手测试一下转轴转动是否正常 要求转盘居中摆放,注意检查转轨旋转是否灵活
骨碟定位	骨碟摆在席位正中,距桌边1.5 cm
摆放汤碗和汤勺	汤碗摆在骨碟左侧1 cm处,中心线在一条直线上,汤勺置于汤碗中,勺把向左
摆放筷架和筷子	筷架摆在骨碟右侧,筷架在筷子上部1/3处,筷子放在筷架上,距骨碟1 cm,筷尾距桌边1.5 cm
摆放水杯	水杯摆在骨碟正前方3 cm处
摆放茶碟和茶杯	茶碟摆在筷子右侧1 cm处,下沿距桌边1.5 cm,茶杯反扣在茶碟内,杯耳朝右与筷架平行
摆放公用餐具	将花瓶放在餐桌中心,台号摆在花瓶前,正朝餐厅大门;牙签筒放在花瓶的左侧,烟灰缸放在右侧
摆放餐巾花	将折叠好的盘花置于骨碟内,或将折叠好的杯花置于水杯内

2. 中餐宴会摆台

中餐宴会摆台的操作标准与要求见表1-14。

表1-14 中餐宴会摆台的操作标准与要求

程序	操作标准与要求
铺台布	① 位置:站在副主人位 ② 方法:推拉式、抖铺式或撒网式 ③ 标准 • 一次到位 • 台布十字折线居中,不偏斜 • 台布骨缝朝上,对准正副主人餐位 • 台布四角下垂均匀,一般以20~30 cm为宜 • 台布下垂四角与桌腿平行,与地面垂直 ④ 摆放转盘:注意检查转盘摆放位置是否居中,转轨旋转是否灵活
围台裙	① 将台裙的折边与桌面平行 ② 使用台裙夹或大头针将台裙按顺时针方向依次固定在餐桌上

续表

程序	操作标准与要求
摆餐具	① 必须使用托盘操作 ② 摆放餐具时注意卫生标准和要求 ③ 骨碟定位：从主人位开始，按顺时针方向依次摆放。要求轻放，拿骨碟边沿，间距均等，离桌边 1.5 cm，店徽或造型图案应对正客人餐位 ④ 摆放汤碗、汤勺及味碟：汤碗放在骨碟的左上方，与骨碟相距 1 cm，汤勺放在汤碗里，勺把向左，味碟摆在骨碟右上方，与骨碟相距 1 cm ⑤ 摆放筷架、筷子：筷架摆在骨碟的右侧，距骨碟右侧边缘 3 cm，筷子摆在筷架上，筷架在筷子上部 1/3 处，图案向上，筷子后端距桌边 1.5 cm
摆放酒杯、折餐巾花	① 红酒杯摆在骨碟的正前方，距汤碗外沿 1 cm ② 白酒杯摆在红酒杯右侧，两杯相距 1 cm ③ 水杯中插入叠好的餐巾花，放在红酒杯的左侧，两杯相距 1.5 cm ④ 三杯横向成一直线，与骨碟中线垂直 ⑤ 中餐宴会一般以摆设杯花为主，也可摆放盘花，要求做到简洁明快，整齐划一，搭配合理
摆放公用餐具	① 摆放公用餐具：在正副主人餐位酒具正上方摆放两套公用餐具，公用勺和公用筷并排摆放在公用盘内，公用筷在上、公用勺在下，筷尾、勺尾向右，筷子和勺的中心点在台布中线上 ② 摆放牙签筒：将两个牙签筒分别放在公用餐具右侧，相距 1 cm ③ 摆烟灰缸：从主人右侧摆起，每两人之间摆放一个。烟灰缸外沿与酒具外沿成一弧线，其中两个架烟孔朝向两侧的客人 ④ 摆菜单：菜单摆在正副主人餐具的右侧，底边距桌边 1.5 cm，或将菜单立放在餐位的正上方 ⑤ 放桌花：在餐台中央摆放花瓶或插花，花的摆放高度不超过客人落座后眼睛的高度，以免影响客人视线
围椅	从主位开始，将餐椅拉成圆形，椅子之间距离相等，与桌边相距 1.5 cm

中餐宴会摆台示意图见图 1-1。

要点提示

① 摆台前，操作人员应洗手消毒，检查有无破损或不洁的餐具，如发现要及时更换。
② 摆台时，要求餐具图案对正，距离匀称，符合标准，整齐美观。
③ 摆放餐具既要做到清洁卫生，又要有艺术性；既要方便宾客使用，又要便于服务人员的服务。

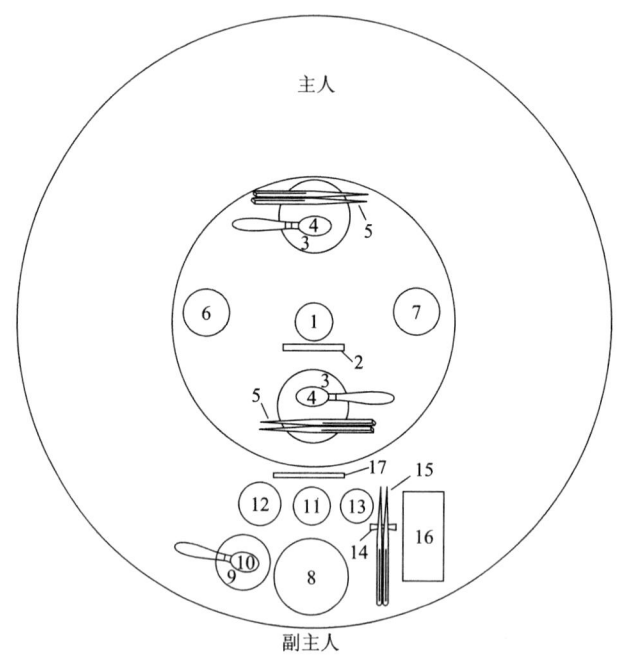

图1-1 中餐宴会摆台示意图

1—花瓶；2—台号 3—公用盘；4—公用勺；5—公用筷；6—调料壶；7—牙签筒；
8—餐碟；9—汤碗；10—汤勺；11—葡萄酒杯；12—水杯；13—烈性酒杯；
14—筷架；15—筷子；16—菜单；17—席位卡

④ 折叠餐巾花要注意客人的风俗习惯，避其忌讳。

相关知识

1. 摆台的概念

摆台又称餐台设计、餐桌布置、铺台，是指为宾客就餐摆放餐桌，确定席位，并将就餐过程中所需要的餐具、用具及其他物品按一定的标准和要求摆设在餐桌上的过程。

摆台的具体内容有布置餐桌、安排席位、准备用具、铺台布、摆放餐具、美化席面等工作。

摆台是餐厅服务工作中一项技术性较高的技能，是宴会设计的重要内容，也是餐饮服务人员必须掌握的一门基本功。

2. 摆台的基本要求

由于各地的饮食习惯不同、宾客的就餐形式和规格不同，所摆放餐具的种类、件数及台面的造型都有所不同。而且各饭店具有各自独特的摆台方式，不可能完全统一，但是摆台的基本要求是相同的。其具体要求如下。

（1）餐具洁净，完整无缺

摆在台面上的餐具应该是无污迹、水迹、油迹，消毒指标达到国家有关标准，无缺口、裂纹，品种花色一致，整体搭配协调。

（2）手法卫生

摆台时，要求盘碗拿边，杯盏拿底，刀、叉、匙、筷拿柄，手持餐具时尽量不要接触餐具的入口处部分。

（3）间距恰当

中餐摆台一般是以骨碟定位，因此，要求定位餐具之间的距离均匀，每组餐具的摆放要相对集中。

（4）便于进餐和席间服务

中餐摆台习惯骨碟靠桌边对客位，汤碗在左，酒具在前，筷子在右，茶具在筷子的右边。摆放餐具的顺序是：骨碟定位，然后按先左后右、先里后外、先中心后两边的原则来摆放。餐桌餐椅的排列要整齐协调，井然有序，每个客位所占有的桌边距应为60 cm左右，既便于客人就餐、活动，又确保服务工作的顺利进行。

（5）装饰适宜

台面的装饰要符合餐厅整体布置的风格，富有艺术性。普通宴席的装饰不能过于华丽，以免与菜肴相比，形成喧宾夺主的局面，同时也加大了经营成本。高档宴席不能布置得过于简单，否则无法体现宴会的主题、规格及高雅隆重的宴请气氛。

（6）台面清洁、整齐美观

摆台时，台面上所有的布件、餐具、用具、装饰品都要洁净，餐具、用具的摆放要有规律，整体布局要整齐划一。

（7）符合各国、各民族的生活习惯和社交礼仪

在酒席宴会上，席位的安排、餐具的摆放可根据对方的生活习俗、就餐形式和规格而定。

3. 中餐摆台种类

1）中餐便餐（零点）摆台

（1）零点早餐摆台

（2）零点午、晚餐摆台

2) 中餐宴会摆台

4. 中餐摆台设备与用具

（1）摆台设备

圆桌、服务桌、餐椅。

（2）餐具与用具

台布、台裙、餐巾、骨碟、汤碗、汤勺、筷架、筷子、茶碟、茶杯、白酒杯、红酒杯、水杯、烟灰缸、牙签筒、菜单、花瓶、台号等。

5. 中餐宴会摆台

中餐宴会的摆台首先要根据宴请的主题、具体要求、参加宴会的人数、宴请的规格、宴会厅的大小、形状等进行合理的布局。要突出主桌，开辟主通道。大宴会厅还需要留有支通道，以便客人敬酒和服务人员行走。

（1）中餐宴会的席位安排

中餐宴会一般用圆桌，宴会席位安排的原则是：主人坐在宴会厅的正面，面对宴会厅的入口；副主人安排在主人的对面；主宾在主人的右侧；主人的左侧可以安排第二宾客或主宾的夫人；第三、第四宾客分别坐在副主人的右、左两侧。有时也可以把第二宾客安排在副主人的右侧。为了便于对话，翻译安排在主宾、副主宾的右侧。其他席位为陪同、翻译席。

中餐宴会的席位安排如图1-2所示。

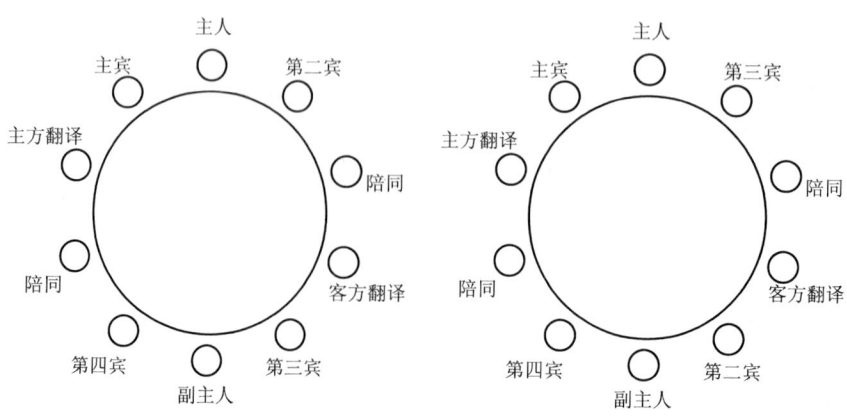

图1-2 中餐宴会席位安排图

在举行一些民间传统宴会（如婚宴、寿宴）时，中餐宴会的席位安排必须遵循中国传统的礼仪和风俗习惯，其一般原则为"高位自上而下，自右而左，男左女右"。具体安排如图1-3所示。

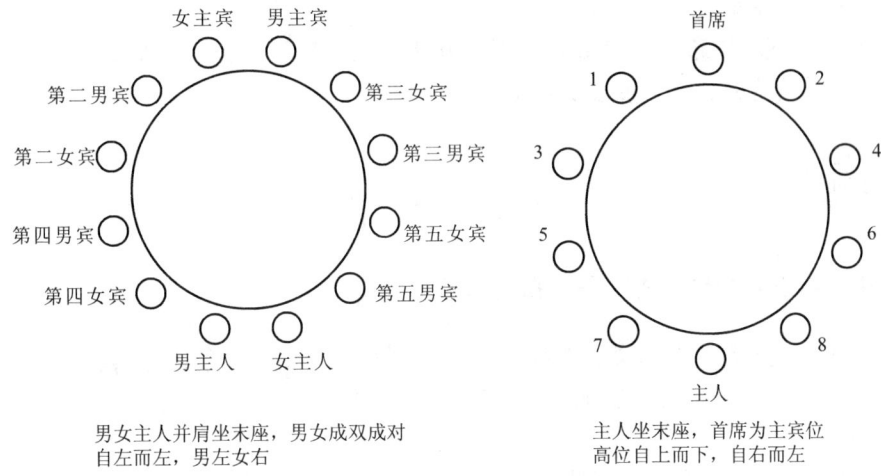

图1-3 传统宴会席位安排图

（2）多桌宴会的席位安排

对于两桌以上的宴会，各桌主人位的确定有3种方式，即统一式、课堂式、包围式。具体安排如图1-4所示。

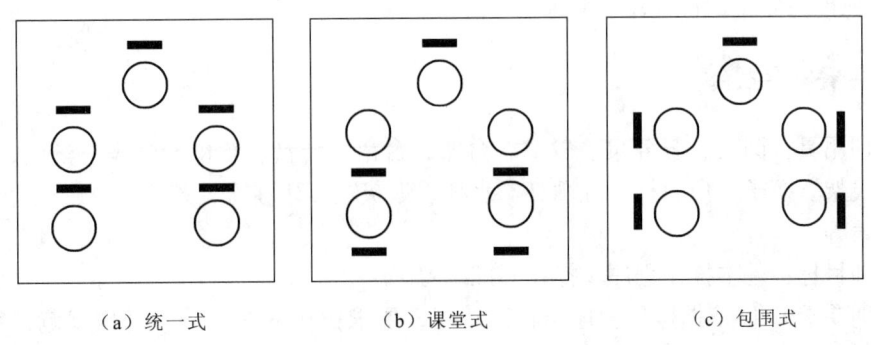

图1-4 多桌宴会主人位安排图

（3）中餐宴会台形设计的原则

宴会台形布局设计是指饭店根据宴会主题、接待规格、习惯禁忌、特别要求、宴会厅状况等情况，设计宴会餐桌排列组合的总体形状和布局。宴会台形布局的原则如下。

① 中心第一：即台形布局要突出主桌。主桌应放在上首中心，以突出其设备和装饰。必要时，主桌的台布、餐椅、餐具的规格可高于其他餐桌，或主桌的餐台大于其他

餐桌，或突出主桌的花台等。

② 先右后左：即主人右席的地位高于主人左席的地位。

③ 高近低远：是指按被邀请宾客的身份安排座位，身份高的客人餐桌离主桌近，身份低的客人离主桌远。

④ 方便合理：指布局时应留有通道，方便客人进出和服务人员服务操作。临时酒吧、工作台、接待台、舞台或麦克风等位置应合理。

情景训练

1. 中餐零点（早餐、午晚餐）摆台练习

实训用具：圆桌、服务桌、餐椅、转盘、台布、台裙、口布、骨碟、汤碗、汤勺、筷架、筷子、水杯、茶碟、茶杯、烟灰缸、牙签筒、菜单、花瓶、台号、托盘、秒表等。

实训目标：基本操作程序、操作标准练习。

实训要求：① 依据操作程序与标准练习，要求操作程序正确，动作规范，餐具摆放符合标准，托盘操作符合要求。

② 摆台过程中，要有良好的操作习惯，做到轻拿轻放，操作卫生，无餐具落地、打碎、翻盘等失误。

③ 速度与质量均符合操作要求。

2. 中餐宴会摆台

实训用具：圆桌、服务桌、餐椅、台布、台裙、转盘、餐巾、骨碟、汤碗、汤勺、味碟、筷架、筷子、白酒杯、红酒杯、水杯、烟灰缸、牙签筒、菜单、花瓶、台号、托盘、秒表等。

实训目标：基本操作程序、操作标准练习。

实训要求：① 依据操作程序与标准练习，要求操作程序正确，动作规范，餐具摆放符合标准，托盘操作符合要求。

② 摆台过程中，要有良好的操作习惯，做到轻拿轻放，操作卫生，无餐具落地、打碎、翻盘等失误。

③ 能在规定操作时间内（15分钟），按摆台程序和要求完成一张中餐宴会10人台的摆台。

1.4.3 西餐摆台

实训目的

通过对西餐摆台基础知识的讲解和操作技能的训练，使学生了解西餐摆台的要求及摆台用具，掌握各种西餐摆台的操作程序与标准，达到操作规范、技能娴熟的训练要求。

实训方法

首先由教师示范讲解，然后学生动手操作训练。在学生操作训练过程中，教师进行指导，学生反复强化训练，达到熟练掌握该项操作技能的目的。

实训准备

西餐餐台、餐椅、服务桌、展示盘、头盘刀、头盘叉、主菜刀、主菜叉、鱼刀、鱼叉、汤匙、面包盘、黄油刀、黄油碟、甜品叉、甜品匙、水杯、红葡萄酒杯、白葡萄酒杯、花瓶、烟灰缸、火柴、椒盐盅、烛台、牙签筒、台布、餐巾、秒表等。

实训内容

① 西餐便餐摆台；
② 西餐宴会摆台。

程序与操作标准

1. 西餐早餐摆台

西餐早餐摆台的操作标准与要求见表 1-15。

表 1-15 西餐早餐摆台的操作标准与要求

程序	操作标准与要求
铺台布	按西餐铺设台布的方法铺好台布

续表

程序	操作标准与要求
摆展示盘	餐位正中摆放展示盘,展示盘距餐台边 1 cm
摆放餐刀和餐叉	① 餐刀摆放在展示盘右侧,刀刃向左,刀柄下端距餐台边 2 cm ② 餐叉摆放在展示盘左侧,叉齿向上,叉柄下端距餐台边 2 cm
摆面包盘和黄油刀	① 面包盘摆在餐叉的左侧,距餐叉 1 cm,距桌边 2 cm,也可与展示盘中心成一直线 ② 黄油刀放在面包盘中轴线右侧,刀刃朝左
摆咖啡杯具	咖啡碟摆在餐刀右侧,咖啡碟上摆咖啡杯和咖啡勺,杯把和勺把向右
摆公共用具	椒盐瓶、奶缸、糖缸、烟灰缸等摆在餐台靠中心或餐厅规定的位置
摆餐巾花	① 将折叠好的盘花置于展示盘内 ② 餐巾花正面朝向客人

2. 西餐午、晚餐摆台

西餐午、晚餐摆台的操作标准与要求见表 1-16。

表 1-16 西餐午、晚餐摆台的操作标准与要求

程序	操作标准与要求
铺台布	按西餐铺设台布的方法铺好台布
摆展示盘	餐位正中摆放展示盘,展示盘距餐台边 1 cm
摆餐刀、餐叉、汤匙	① 从展示盘右侧由里向外依次摆放餐刀、汤匙,刀口朝盘 ② 在展示盘的左侧摆放餐叉,叉齿向上 ③ 餐具距桌边 2 cm,距展示盘 1 cm ④ 如有鱼类菜肴,需加摆鱼刀和鱼叉
摆面包盘、黄油刀	① 面包盘摆在餐叉的左侧,距餐叉 1 cm,距桌边 2 cm,也可与展示盘中心成一直线 ② 黄油刀放在面包盘中轴线右侧,刀刃朝左 ③ 如果摆放黄油碟,将黄油碟置于面包盘上方,碟上放黄油刀
摆甜品匙、叉	展示盘上方平行横放甜品匙、叉,甜品叉在上,甜品匙在下,叉齿、匙把朝右
摆水杯	水杯摆在餐刀正上方 3 cm 处
摆放花瓶、烛台、椒盐瓶等用具	① 花瓶摆放在餐台正中,花必须鲜艳 ② 烛台只能在晚餐时使用,烛台摆放于台布中鼓缝距花瓶 10 cm 处 ③ 摆放椒盐瓶时,盐瓶在左,胡椒瓶在右 ④ 烟灰缸摆放在台布中鼓缝距烛台 10 cm 处,将火柴摆放在烟灰缸上,磷面向里,店徽向上
摆餐巾花	① 将折叠好的盘花置于展示盘内 ② 餐巾花应形象逼真,折叠挺括

3. 西餐宴会摆台

西餐宴会摆台的操作标准与要求见表1-17。

表1-17 西餐宴会摆台的操作标准与要求

程序	操作标准与要求
铺台布	① 按西餐铺设台布的方法铺好台布 ② 台布中鼓缝向上,不倾斜,四周下垂均匀,台布平整,无皱褶和突起
拉椅定位	① 椅子之间距离相等 ② 椅子与下垂台布距离1 cm ③ 每个餐位最小宽度为60 cm
摆放装饰碟	装饰碟放置于餐椅正前方,距离餐台边1 cm
摆放刀、叉、匙	① 摆放顺序由里往外 ② 用托盘托起刀、叉、匙,注意拿餐具手柄,餐具上勿留手指印 ③ 正餐刀放于装饰碟右侧,与餐台垂直,刀柄向下,与餐台边距离1 cm,刀刃向左,与展示盘相距0.5 cm ④ 正餐叉放在装饰碟左侧,距餐台边1 cm,与展示盘相距0.5 cm ⑤ 鱼叉放在主菜叉左侧,距主菜叉0.5 cm,距餐台边5 cm ⑥ 头盘叉放在鱼叉左侧,距鱼叉0.5 cm,距餐台边1 cm ⑦ 鱼刀摆在主菜刀右侧,距主菜刀0.5 cm,距餐台边5 cm ⑧ 汤匙摆在鱼刀右侧,距鱼刀0.5cm,距餐台边1cm ⑨ 开胃品刀摆在汤匙右侧,距汤匙0.5 cm,距餐台边1 cm
摆面包盘、黄油刀、黄油盘	① 面包盘摆放在餐叉的左侧,面包盘的中心与装饰碟的中心连线平行摆放,面包盘距餐叉0.5 cm ② 黄油刀置于面包盘右1/3处,刀刃向左,柄端向下,悬空部分相等 ③ 黄油盘摆放在面包盘的上方,黄油盘的左侧与面包盘的中心线在一条直线上,距黄油刀3 cm
摆甜品叉、匙	① 甜品叉、匙摆放在装饰碟前方,平行摆放,甜品叉靠近装饰碟,叉柄向左,距展示盘1 cm ② 甜品匙摆在甜品叉外侧,匙柄向右,距甜品叉1 cm
摆酒杯	① 水杯摆在主菜刀尖前方垂直位置,相距约5 cm ② 红酒杯摆在水杯右后方,两杯相距1 cm ③ 白酒杯摆在红酒杯右后方,两杯相距1 cm ④ 三杯成一直线,并与餐台边约成45度角

续表

程序	操作标准与要求
摆花瓶、烛台、牙签筒、椒盐瓶、烟灰缸、火柴	① 花瓶置于餐台正中 ② 将两个烛台分别摆放在花瓶左右两侧，距花瓶 20 cm ③ 牙签筒两套，分别摆在烛台两侧，距烛台 10 cm 中线上 ④ 椒盐瓶两套，分别摆放在烛台两侧，距烛台 12 cm，分别置于中骨线两侧，左盐右椒，间距 1 cm ⑤ 烟灰缸摆放在椒盐瓶前方 2 cm，火柴在烟灰缸上放外侧，磷面向里，店徽向上
摆餐巾花	① 将折叠好的盘花摆放于装饰碟内 ② 餐巾花应形象逼真、折叠挺括

西餐宴会摆台平面示意图如图 1-5 所示。

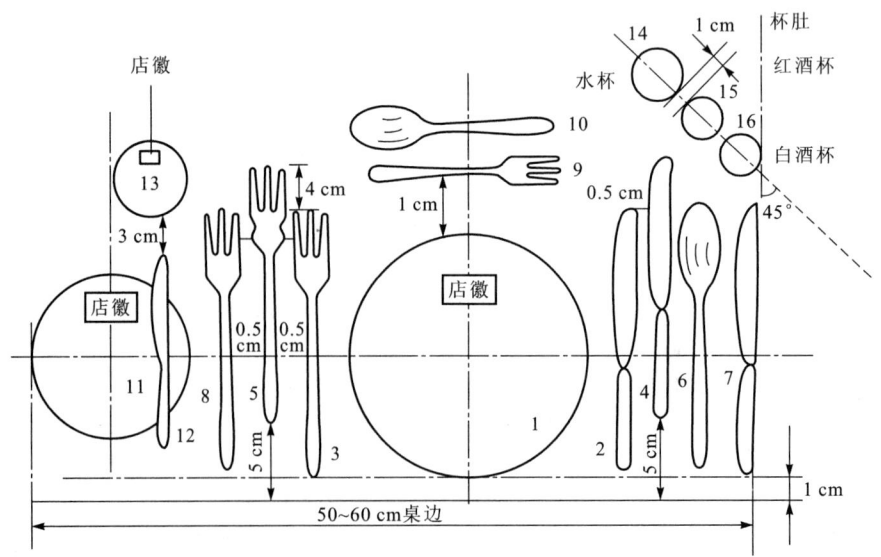

图 1-5 西餐宴会摆台平面示意图

1—装饰碟；2—正餐刀；3—正餐叉；4—鱼刀；5—鱼叉；6—汤匙；7—开胃品刀；
8—开胃品叉；9—甜品叉；10—甜品匙；11—面包盘；12—黄油刀；13—黄油盘；
14—水杯；15—红葡萄酒杯；16—白葡萄酒杯

西餐宴会附加用具摆放示意图如图 1-6 所示。

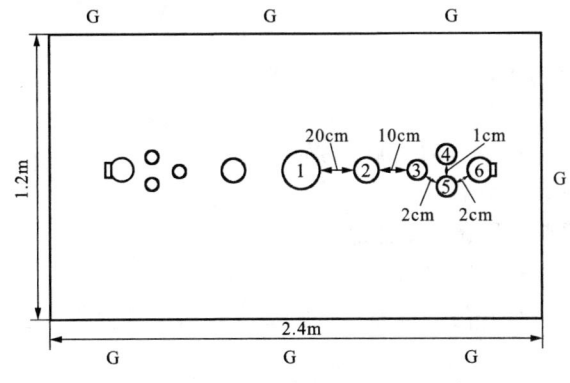

图 1-6　西餐宴会附加用具摆放示意图
1—插花；2—烛台；3—牙签筒；4、5—盐和胡椒瓶；6—烟灰缸和火柴

要点提示

① 每套餐具之间不要混淆，摆放在台面上的各种餐具要横竖成行。摆放带有图案的餐具，其图案方向一致。全台看上去要整齐、美观、大方。

② 摆台时要按照一餐盘、二餐具、三酒具、四调味用具、五艺术摆设的程序进行。

③ 餐具的摆放应遵照：展示盘正中，先里后外，左叉右刀，叉齿朝上，刀口朝盘，酒具在右上方的原则进行。

④ 餐具要与菜肴配套，酒具要与酒品配套摆放。

⑤ 摆台时，要对餐具进行检查，发现不清洁或有破损餐具要及时更换。

相关知识

1. 西餐餐台

西餐餐台通常用的是方桌或长桌。宴会使用的餐桌可由方桌、长方桌、半圆桌拼接而成。拼接的大小、形状可根据宴会的人数、宴会厅的形状、面积、服务方式、客人的要求等因素来确定。

2. 西餐摆台种类

（1）西餐便餐摆台

① 便餐早餐摆台。

② 便餐午、晚餐摆台。
(2) 西餐宴会摆台

3. 西餐摆台设备与用具

(1) 设备：西餐餐台、餐椅、服务桌。
(2) 餐具：展示盘、头盘刀、头盘叉、主菜刀、主菜叉、鱼刀、鱼叉、汤匙、面包刀、黄油刀、黄油碟、甜品叉、甜品匙。
(3) 酒具：水杯、红葡萄酒杯、白葡萄酒杯。
(4) 用具：花瓶、烟灰缸、火柴、椒盐盅、烛台、牙签筒、台布、餐巾。

4. 西餐台形设计

西餐台形设计有多种形式，而且每个台形的大小、形状也各不相同，常见的有"一"字形、马蹄形（U字形）、"口"字形、"T"字形、"E"字形等。

一般情况下，1～2人适宜选用正方形餐台，3～8人适宜选用长方形餐台，9～10人适宜选用"一"字形餐台，10人以上可以根据客人的就餐规格、形式、要求及具体人数选择适宜的、不同形式的餐台。总的要求是：左右对称，出入方便。

5. 西餐宴会摆台

1) 西餐宴会台形设计

西餐宴会多采用长台，常见的西餐宴会台形有以下4种。
(1) "一"字形长台
"一"字形长台通常设在宴会厅的正中央，与宴会厅四周的距离大致相等，但应留有较充足的余地（一般应大于2m），以便于服务人员的操作。
(2) "U"字形台
又称马蹄形台，一般要求横向长度应比竖向长度短一些。
(3) "E"字形台
"E"字形台的三翼长度应相等，竖向长度应比横向长度长一些。
(4) 正方形台
又称"回"字形台，一般设在宴会厅的中央，是一个中空的台形。
除上述基本台形外，还有"T"字形台、鱼骨形台、星形台等。现在，许多西餐宴会也使用中餐的圆桌来设计台形。总之，西餐宴会的台形应根据宴会规模、宴会厅形状及宴会主办者的要求灵活设计。

2）西餐宴会席位安排

西餐宴会的席位安排也应遵循"高近低远"的原则。

（1）"一"字形台的席位安排

"一"字形台的席位安排有两种方式，如图1-7所示。

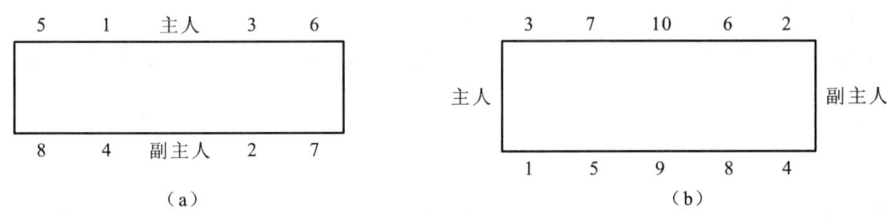

图1-7　西餐"一"字形台席位安排图

（2）其他台形的席位安排

其他台形的席位安排与"一"字形台席位的安排相似，大多是主人坐在餐台中央，主宾在主人的右侧，他们面对其他来宾而坐，其他来宾距主人越近，则表示其身份地位越高。

情景训练

1. 西餐零点（早餐、午晚餐）摆台练习

实训用具：西餐餐台、餐椅、服务桌、展示盘、餐刀、餐叉、汤匙、面包盘、黄油刀、甜品叉、甜品匙、咖啡杯具、水杯、奶缸、糖缸、烟灰缸、花瓶、火柴、椒盐盅、烛台、牙签筒、台布、餐巾、托盘、秒表等。

实训目标：基本操作程序、操作标准练习。

实训要求：①依据操作程序与标准进行，要求操作程序正确，动作规范，餐具摆放符合标准，托盘操作符合要求。

②摆台过程中要有良好的操作习惯，做到轻拿轻放，操作卫生，无餐具落地、打碎、翻盘等失误。

③速度与质量均符合操作要求。

2. 西餐宴会摆台

实训用具：西餐餐台、餐椅、服务桌、展示盘、头盘刀、头盘叉、主菜刀、主菜叉、鱼刀、鱼叉、汤匙、面包盘、黄油刀、甜品叉、甜品匙、水杯、红葡萄酒杯、白葡萄酒杯、花瓶、烟灰缸、火柴、椒盐盅、烛台、牙签筒、台布、餐巾、托盘、秒表等。

实训目标：基本操作程序、操作标准练习。

实训要求：① 依据操作程序与标准进行，要求操作程序正确，动作规范，餐具摆放符合标准，托盘操作符合要求。

② 摆台过程中，要有良好的操作习惯，做到轻拿轻放，操作卫生，无餐具落地、打碎、翻盘等失误。

③ 能在规定操作时间内（25 分钟），按摆台程序和要求完成一张西餐宴会 8 人台的摆台。

1.5 上菜

实训目的

通过教师对上菜知识和操作标准的讲解、学生对该项操作技能的实践训练，使学生了解上菜的位置、顺序、时机、要领、注意事项等，掌握该项技能的操作程序与操作要领，达到规范操作、技能娴熟的训练要求。

实训方法

首先由任课教师进行理论与实践操作的讲解和演示，然后学生动手操作训练。在学生操作训练过程中，教师指导，学生强化训练，以使学生达到熟练掌握该项操作技能的目的。

实训准备

托盘、各式菜肴、菜单、10 人台摆台、工作台等。

实训内容

① 中餐上菜服务；
② 西式上菜服务。

程序与操作标准

1. 中餐上菜服务

中餐上菜服务的操作标准与要求见表1-18。

表 1-18　中餐上菜服务的操作标准与要求

程序		操作标准与要求
上菜准备		① 检查上菜工具的清洁和准备情况 ② 熟悉菜单，了解上菜顺序及数量，熟悉菜名 ③ 确定上菜位置
上菜服务	检查菜品	检查传菜员托送的菜品与客人所点菜肴是否一致
	端送菜品	上菜时，将菜肴放在托盘内端至桌前，左手托盘，右脚在前侧身插站在上菜口两位客人的餐椅间，用右手上菜
	上菜	① 从上菜口将菜送上餐桌，注意菜肴摆放的位置、搭配和间距 ② 上菜时动作要轻，严禁将菜肴从客人的头上越过 ③ 上热菜时，菜盘内放置服务叉、勺，要注意将叉（勺）柄朝向主人；如果盘子很热，一定要提醒客人注意 ④ 上汤类菜肴时，服务员要给客人分汤 ⑤ 如果有小孩同桌就餐，一定要将热菜、汤类远离孩子并提醒成年人注意 ⑥ 上带头尾的菜品，应根据当地的上菜习惯摆放 ⑦ 上带有佐料的菜肴，要先上配料后上菜，并一次上齐，切勿遗漏 ⑧ 上带壳的菜肴要跟上小毛巾和洗手盅 ⑨ 菜上齐后要告知客人，并询问是否还需加菜或其他帮助 ⑩ 上菜撤盘的基本礼节要求是：上菜不准推，撤盘不准拖
	报菜名	① 每上一道菜应后退一步，然后要向客人介绍菜名和风味特点，特殊菜肴还应介绍食用方法 ② 介绍时要表情自然，面带微笑，声音悦耳，吐字清晰 ③ 灵活使用敬语

2. 西式上菜服务

西式上菜服务的操作标准与要求见表1-19。

表1-19　西式上菜服务的操作标准与要求

程序		操作标准与要求	补充说明
上菜准备		① 检查上菜工具的清洁和准备情况 ② 熟悉菜单，了解上菜顺序及数量，熟悉菜名	
上菜服务	法式服务	① 由两名服务员共同完成 ② 所有的食物先在厨房进行初步加工 ③ 上菜时，黄油、面包、沙拉及其他必须放在客人左侧的食品从左侧上桌，其他食品饮料一律从客人右侧送上餐桌	菜肴由服务员当着客人的面进行最后的烹制、分切装盘，然后送至客人面前
	俄式服务	① 由一名服务员完成 ② 上菜时，服务员左手托餐盘，右手从客人右侧送上餐盘 ③ 上菜时，按顺时针方向操作	服务员从厨房端出的菜肴是由厨师烹制并分切好的
	英式服务	① 服务员充当主人助手的角色 ② 上菜时，服务员先将热餐盘从厨房端到餐桌上，放在主人的面前，再将盛有整块食物的菜盘也放在主人面前 ③ 由主人亲自动手切分装盘，再由服务员将菜肴端给每位客人 ④ 调味品、沙司及配菜摆放在餐桌上，由客人自取或相互传递	宾客像参加家宴一样，取到菜后自行进餐
	美式服务	① 食物由厨师在厨房切分装盘，然后由服务员直接端盘 ② 用右手从客人右侧送到客人面前 ③ 撤盘从客人右侧进行	上菜服务，遵循"右上右撤"原则

要点提示

① 做好上菜前的各项准备工作。
② 从上菜口将菜肴送上餐桌。
③ 上菜时动作要轻。
④ 上菜时要报菜名，特色菜需作特别介绍。
⑤ 菜上齐后要告知客人，并询问是否还需加菜或其他帮助。
⑥ 注意面带微笑，灵活使用敬语。

相关知识

1. 上菜的概念

所谓上菜,就是由餐厅服务人员将厨房烹制好的菜肴、点心按一定的程序端送上桌的服务方式。

2. 中餐上菜

1) 上菜位置

上菜的位置俗称"上菜口"。
① 零点或团体包餐的上菜,位置多选在不打扰客人或干扰客人最少的地方。
② 宴会的上菜位置一般选在陪同与翻译之间,或副主人的右侧,有利于翻译和副主人向来宾介绍菜肴的口味特点、名称、典故和食用方法等。
③ 选择上菜位置时,应尽量避开老人、小孩及穿着入时的宾客。

2) 上菜的顺序

中餐上菜的顺序需坚持"七先七后"的原则,即:
① 先冷菜,后热菜;
② 先佐酒菜,后下饭菜;
③ 先优质、名贵、风味菜,后一般菜;
④ 先咸味菜,后甜味菜;
⑤ 先本地、本店名菜、特色菜,后其他品种菜;
⑥ 先荤菜,后素菜;
⑦ 先菜后点。

一般情况下,中餐上菜顺序为:冷菜→主菜→热菜→汤菜→甜品→点心→主食→水果。

粤菜的上菜顺序不同于其他菜系,一般是先上汤后上菜。

3) 上菜的时机

上菜时灵活地掌握上菜的时机,才能适应宾客的就餐需要。
上菜的时机一般根据餐别、进餐的节奏快慢、宾客的要求等确定。
① 中餐宴会一般在开宴前15分钟左右摆上冷盘,当冷盘吃到一半左右时上第一道热炒菜,其他热菜的上菜时机要随宾客的用餐速度而定。当上完最后一道菜时,应低声

告诉副主人"菜已上齐",以提醒主人注意控制宴会的结束时间。

②团体包餐的进餐时间较短,因此要在进餐前摆好冷盘,待客人入座后,快速将热菜、汤、点心全部送上。

③零点客人点菜完毕后,要马上送上酒水饮料及冷盘,其他热菜则根据主人的要求、菜肴的烹制特点等及时送上。根据有关规定,落单15分钟之内,要送上第一道热菜。

4)摆菜原则

摆菜是将上桌的菜按一定的格局摆放好。摆菜的基本原则如下。

(1) 易于观赏

摆有图案造型的菜时,其图案的观赏面要朝向主人、主宾,以尊重主宾,供其观赏。

(2) 造型美观

摆菜时,各种菜肴要对称摆放,讲究造型艺术,可以按照一中心、二平放、三三角、四四方、五梅花的原则摆菜,一个菜应摆放在餐桌的中心位置,两个菜可并排摆成一字形;一菜一汤可竖排摆成一字形,汤在前,菜在后;两菜一汤或三个菜,可摆成"品"字形,汤在上,菜在下;三菜一汤可以以汤为圆心,菜沿汤内边摆成半圆形;四菜一汤,汤在中间,菜摆在四周;五菜一汤,以汤为圆心摆成梅花形;五菜以上都以汤或头菜或大拼盘为圆心,摆成圆形。

(3) 尊重主宾

主宾是服务的重点对象,因此挪盘时要向陪客方向移动。每上一道热菜,都要对餐桌上的菜肴进行一次调整,将新上的菜摆在餐台的中心,或摆在转盘边上,再转至主宾前,以示对主人、主宾的尊重。

(4) 方便取用

在摆放配有佐料的菜时,要求佐料配齐后与菜同时摆上,或先上佐料后上菜。

(5) 操作礼貌

摆菜前要先进行挪盘或撤盘,操作时要注意轻撤轻挪,做到上菜不推盘,挪菜不拖盘。

5)上菜要领

①仔细核对台号、品名和分量,避免上错菜。
②整理台面,留出空间。如果满桌,可以大盘换小盘、合并或帮助分派。
③先上调味,再用双手将菜肴端上。
④报菜名,特色菜肴应作简单介绍。
⑤大圆桌上菜时,应将刚上的菜肴用转盘转至主宾面前。

⑥ 餐桌上严禁盘子叠盘子，应随时撤去空菜盘，保持台面美观。
⑦ 派送菜肴应从主宾右侧送上，依次按顺时针方向绕台进行。

6）注意事项

① 上菜要核对。
② 认真把关。
③ 注意台面摆放格局。
④ 注意速度与节奏。
⑤ 上菜时应跟上佐料。

7）几种特殊菜肴的上菜方法

① 拔丝类菜肴：需托热水上，即用汤碗盛装热水，将装在拔丝类菜肴的盘子搁在汤碗上用托盘端送上桌，并跟凉开水数碗。托热水上拔丝类菜肴，可防止糖汁凝固，保持拔丝类菜肴的风味。
② 易变形的炸炒菜肴：一出锅即需立即端上餐桌，上菜时要轻、稳，以保持菜肴的形状和风味。
③ 锅巴类菜肴：一出锅也要以最快的速度端上台，随即把汤汁浇在锅巴上，使之发出响声。应该注意的是，浇汁动作要连贯，否则会失去应有的效果。
④ 原盅炖品类菜肴：要在端上桌后当着客人的面启封，以保持炖品的原汁原味，并使炖品的香气弥漫在餐桌上，启盖时要用右手将盖竖起，左手持一块干净的布巾或餐巾纸在下面接着水滴，以免汤水滴落在客人身上。
⑤ 泥纸包、荷叶包菜肴：应先将菜肴端上台供客人观赏后，再拿到边台上拆开后启封，以保持菜肴的香味和特色。
⑥ 铁板类的菜肴：要注意安全，既不要烫伤自己，更不能碰撞宾客。在向铁板内倒油、香料及菜肴时，离铁板要近，最好用盖半护着，以免锅内的油溅到客人的身上。
⑦ 上汤类、火锅、铁板类、锅仔等菜肴：必须在其下面放置一个垫盘。

3. 西餐上菜

1）上菜的顺序

不同的西餐宴会有不同的要求和不同的服务标准，上菜顺序也不完全一样。一般的上菜顺序为：开胃品（头盆）→汤→色拉→主菜→甜点和奶酪→水果→餐后饮料。待客人用完后撤去空盘，再上另一道菜点。

2）服务的顺序

西餐采用的是分餐制，在服务过程中，应遵循先女宾后男宾、先宾客后主人的服务顺序。

3）上菜的位置

西餐上菜的位置，往往因服务方式不同而各异，但从尽量少打扰客人和方便服务操作角度考虑，目前大多遵从右上右撤的原则，服务的方向一般按顺时针方向绕台进行。若从左侧服务则按逆时针方向进行。

4）上菜的基本要求

根据宾客所点菜肴的类型摆好餐具。点菜结束后，服务人员用托盘托送面包供客人选择。服务时站在客人的左侧，按女士优先的原则，顺时针方向进行。

上菜时，盘中的主料应该摆在靠近宾客的一侧，配菜应放在主菜的上方。如果餐具较热，要提醒宾客注意。

主菜需要跟上配汁、调料时，应将其盛器放在铺有花纸垫的小碟托上，在宾客的右侧服务。

每上一道菜前，要先为宾客提供斟酒服务，并主动征求客人的意见，得到允许后撤下上一道菜的空盘和刀叉。如果盘中的刀叉是并排放在盘中的，无论盘中是否还有菜肴，都表示宾客不再需要这道菜，可以撤下餐具。

5）上菜的程序

(1) 法式上菜程序

法式上菜一般由两名训练有素的服务员共同完成。所有的食物先在厨房进行初步加工，然后用带有加热装置的手推车，将食物的半成品、成品推至餐桌边，由服务员当着客人的面进行最后的热烹制、分切装盘，然后送至客人面前。上菜时，除黄油、面包、色拉及其他必须放在客人左侧的食品从左侧上桌外，其他食品饮料一律从右侧用右手送上餐桌。

(2) 俄式上菜程序

俄式上菜一般由一名服务员完成。上菜时，服务员用左手托餐盘，用右手从客人右侧送上餐盘，一般热菜上热盘，冷菜上冷盘，按顺时针方向操作。服务员从厨房端出由厨师烹制并分切好的菜肴，这些菜肴盛装在大银盘里，并加以装饰。服务员的左手垫餐巾并托银盘，姿态优雅地走到餐台边向主人客人展示菜肴，随后托起菜盘，站在宾客的左侧，用右手持服务叉匙，按逆时针方向依次将菜点分派到宾客的餐盘内。汤类菜盛在大银碗里用长柄勺分派，没有分派完的菜肴可端回厨房，以减少浪费。上菜时也可两人一组，一前一后进行。该种方式不太适合零点餐厅的服务，因为散客所点的不同菜肴不能放在一个大银盘中分派。

(3) 英式上菜程序

在英式上菜程序里，服务员往往充当主人助手的角色。上菜时，服务员先将加过温的热餐盘从厨房端到餐桌上，放在主人的面前，再将盛有整块食物的菜盘也放在主人面前，然后由主人亲自动手切分装盘，再由服务员将菜肴端给每位客人。调味品、沙司及配菜摆放在餐桌上，由客人自取或相互传递。宾客像参加家宴一样，取到菜后自行进餐。

(4) 美式上菜程序

食物由厨师在厨房切分装盘，然后由服务员直接端盘（可采用三盘端盘技巧），用右手从客人右侧送到客人面前，一名服务员往往可为数张餐台的客人服务。值得一提的是，美式上菜服务，原来遵循左上右撤原则，服务员从客人左侧用左手上菜，从右边撤去用过的盘子。这是因为当初的盘子质量太重，用右手端盘左手上菜更平稳，而现在多改为右上右撤，以免在客人两侧服务过多而打扰客人。

情景训练

1. 中餐上菜服务练习

实训用具：托盘、各式菜肴、菜单、餐台、餐椅、工作台。

实训目标：基本操作程序、操作标准练习。

实训要求：依照操作标准练习，要求操作位置正确，菜肴摆放位置合理、造型美观，操作动作规范、标准，操作程序无遗漏。

2. 西式上菜服务练习

实训用具：托盘、各式菜肴、菜单、餐台、餐椅、工作台、服务刀、服务叉、餐盘等。

实训目标：基本操作程序、操作标准练习。

实训要求：依照操作标准练习，要求操作位置正确，上菜顺序符合要求，上菜、撤盘动作规范、标准，操作程序无遗漏。

1.6 分菜

实训目的

通过教师对分菜服务基础知识和操作标准的讲解、学生对该项操作技能的实践训练，使学生了解分菜服务的概念、分菜服务的方法、顺序与要求以及分菜时的注意事项等，掌握该项技能的基本方法、操作程序与标准，达到规范操作、熟练分菜的训练要求。

实训方法

首先由任课教师进行理论与实践操作的讲解和演示，然后学生动手操作训练。在学生操作训练过程中，教师进行指导，学生强化训练，以使学生达到熟练掌握该项操作技能的目的。

实训准备

服务叉、服务勺、长筷子、长柄勺、刀、叉、餐盘、工作台等。

实训内容

① 中餐分菜服务；
② 特殊菜肴（鱼类菜肴）分菜服务。

程序与操作标准

1. 中餐分菜服务程序

中餐分菜服务程序的操作标准与要求见表1-20。

表1-20 中餐分类服务程序的操作标准与要求

程序		操作标准与要求	补充说明
分菜准备		分菜工具的准备：① 服务叉、服务勺 ② 一双长筷子、一把长柄勺 ③ 一刀、一叉、一勺	物品要干净、整洁
分菜服务	桌面分让式	① 从上菜口将菜肴送上餐桌 ② 展示菜肴、报菜名后撤离餐桌 ③ 服务员站在客人左侧操作 ④ 可以边分让边向客人介绍菜点的名称、口味 ⑤ 给每位客人分让菜肴的数量、色彩要搭配均匀	使用服务叉、服务勺分菜
	餐台分菜法	单人分菜式： ① 将客人用过的餐碟或汤碗撤下，再用托盘送上新的餐具，摆放在靠近身边的转盘上 ② 在上菜口将菜肴送上餐桌，展示菜肴并报菜名 ③ 用公用筷、长柄勺将菜点分至餐碟中，拨动转盘 ④ 按先宾后主的顺序，将菜肴送到客人的面前，逐个请宾客自取，服务人员也可以协助宾客端取	使用公用餐具：长筷、长柄勺分菜
		两人合作式： ① 在上菜口将菜肴送上餐桌 ② 展示菜肴并报菜名 ③ 一名服务员站在上菜口，右手持公用筷，左手持长把公用勺，为客人分菜 ④ 另一位服务员绕台将每位客人的餐碟移到分菜服务员近处，从客人左侧将菜肴送上	常用于高档宴会服务
	旁桌式分菜法	① 服务员从上菜口将菜肴送上餐桌 ② 报菜名，展示、介绍菜肴，供客人观赏后撤离餐桌 ③ 在备餐桌上将菜分到餐碟内，然后用托盘从客人右侧送上	① 使用刀、叉、匙分菜 ② 一般用于宴会服务
	厨房分菜法	① 厨房做好的菜肴直接在厨房或备餐间分派好 ② 服务人员用托盘从客人右边上菜	常用于分餐制和比较高档的炖品、汤类等菜肴

2. 特殊菜肴（鱼类菜肴）分菜服务程序

特殊菜肴（鱼类菜肴）分菜服务程序的操作标准与要求见表1-21。

表1-21 特殊菜肴（鱼类菜肴）分菜服务程序的操作标准与要求

程序	操作标准与要求
分鱼准备	准备分菜工具：刀、叉、服务盘
整鱼展示	先报菜名，为客人展示菜肴，然后撤至服务桌
剔除鱼骨	① 服务员先将鱼身上的配料拨到一边，左手持叉，右手持刀 ② 用叉轻压鱼背，以避免鱼在盘中滑动，注意叉不可叉进鱼肉中 ③ 用刀顺脊骨或鱼中线将鱼肉划开，露出整条鱼骨 ④ 用叉轻压鱼骨，用刀将鱼骨剔出 ⑤ 将鱼骨放入服务盘中
整理成形	① 将鱼肉恢复原样，浇上原汁 ② 不要将鱼肉碰碎，要尽量保持鱼的原形
上菜服务	① 将整理成形的整鱼端上餐桌 ② 如需分菜，要用餐刀将鱼肉切成若干块，按宾主先后次序分派。如鱼块带鳞，要将带鳞部分紧贴餐碟，鱼肉朝上

要点提示

① 做好分菜前的各项准备工作。
② 掌握各项分菜服务的操作方法。
③ 掌握各种分菜工具的配合使用。
④ 分菜时呼吸要均匀，头不要离客人太近。
⑤ 分派后的菜肴剩余要合理。
⑥ 分菜应从主宾开始，按顺时针方向依次进行。

相关知识

1. 分菜服务的概念

分菜亦称派菜、让菜。分菜服务是指菜肴、点心经客人观赏后，餐厅服务员代替主人，使用服务叉、匙将菜肴、点心依次分让到宾客餐碟中的服务过程。该项工作是餐饮服务中技术性较强、难度较大的工作，服务员必须掌握这一技能。

2. 分菜前的准备工作

（1）熟练掌握分菜技术

了解各种菜肴的烹制方法，菜肴成形后的质地、特点，整形菜的结构特点，才能正确地选择分菜工具，分菜时才能操作自如。

（2）准备好分菜工具、餐具

要求分菜的工具清洁、无污渍，服务勺、叉大小适当，餐具可事先备在餐具柜中或用托盘在上菜时托出。

（3）清洁分菜台

若准备在工作台上分菜，要事先对其桌面进行清理。若在餐车上分菜，要将餐车洗净擦干。

3. 分菜工具及使用方法

一般的菜肴分让可使用服务叉和服务勺。服务叉、勺配合使用的分菜法是一项技能较高的操作，适用于分派丝、片、丁、块类菜肴。

其使用方法是：服务员右手中指、无名指和小指稍加弯曲，钩着勺把的后部；也可将中指和小指放在勺的一边，无名指放在勺的另一边，三指配合夹住勺把，然后让食指垫于勺叉之间，与拇指配合捏住叉把。操作时右手背向下，掌心向上，用勺先插入菜中，同时用拇指和食指将叉、勺分开，待匙盛起菜肴后，再将叉夹紧菜肴送至餐碟。

分菜的工具还有切肉刀、长柄汤勺等不锈钢制品；也有瓷制的大汤勺，用于分汤；公用筷多为木制品。

其配合方法有以下几种。

① 服务勺、服务筷配合。此法多用于定点分菜。

② 汤勺、筷子配合。一般用于分汤。

③ 刀、叉、勺配合。在餐桌边分切带骨带刺的菜肴，如鱼、鸡、鸭等，根据具体情况，可使用刀叉先剔除鱼刺或鸡鸭骨，然后分切成块，用服务勺叉进行分让。

4. 分菜方法和要求

根据不同菜肴的特点，不同规格的宴会可采用不同的分菜方法。归纳起来有以下几种方法。

（1）桌面分让法

桌面分让法也称餐位分菜法，源于西餐俄式服务。其操作基本程序是：服务人员用托盘给客人换上干净的餐盘，将菜肴摆上餐桌，经客人观赏后再将菜撤下，放在垫上口布的左手中，站在客人的左侧，左脚向前，侧身而进，腰部略弯，但身体不能倾斜或依靠宾客，使餐盘与客人的餐碟相连接，以免菜汁滴洒在餐桌上。然后用右手使用服务勺、服务叉进行分让。

（2）餐台分菜

餐台分菜也称定点分菜法，是指分菜服务员固定在某一餐位旁操作。餐台分菜有单人分菜法和二人合作式分菜法两种。定点分菜的位置基本上与上菜位置相同。

采用单人分菜时，要先将客人用过的餐碟或汤碗撤下，再用托盘送上新的餐具，并以弧形或马蹄形——摆放在靠近身边的转盘上，然后上菜，再用公用筷、勺将菜点分至餐碟中，拨动转盘，按先宾后主的顺序将菜肴送到客人的面前，逐个请宾客自取，服务人员也可以协助宾客端取。

二人合作式用于高档宴会服务，是由两位服务员同时操作，一位服务员分菜，另一位服务员送菜。分菜时服务员将宾客面前的餐碟或口汤碗递至菜盘的斜上方，分菜员站在定点的位置双手持分菜工具，将菜点或汤分于餐具中，再由服务员送回每位宾客的席面上。

（3）旁桌分菜法

旁桌分菜法亦称异台分菜法、服务台分菜法、边桌分菜法。旁桌指的是服务餐车或工作台，桌上摆放干净的餐具。服务员将菜摆上餐桌经客人观赏后，再端下放置在服务车或工作台上，手持分菜工具，快速、均匀地将菜肴按份分派到每个餐碟或汤碗中，然后再装入托盘托送至餐桌，按先宾后主的顺序依次从宾客的右边送到每个客人的面前。多余的菜肴经过整形后重新摆上餐桌。

（4）厨房分菜法

厨房分菜法源于美式上菜服务，是指将厨房做好的菜肴直接在厨房或备餐间分派好，服务人员用托盘从客人右边上菜。这种方法常用于分餐制和比较高档的炖品、汤类等菜肴，以显示宴会的规格和菜肴的名贵。

一般情况下对于整形菜、汤汁多的菜多选用旁桌式或餐台分菜法。对于一般的热炒、汤汁较少的菜、块类的菜及点心采用餐位式分菜；而对于技能不太熟练的服务员，最好采用旁桌式分菜法。

5. 几种代表性菜肴的分菜方法

（1）鱼类菜肴

分让鱼类菜肴时，要先剔除鱼骨。先将鱼身上的其他配料拨到一边，用餐刀顺脊骨或鱼中线划开，将鱼肉分开，剔除鱼骨后，再将鱼肉恢复原样，浇上原汁，注意不要将鱼肉碰碎，要尽量保持鱼的原形。再用鱼刀将鱼肉切成若干块，按宾主先后次序分派。如鱼块带鳞，要将带鳞的部分紧贴餐碟，鱼肉朝上。

（2）拔丝菜肴

分让拔丝菜肴时，必须配上凉开水。分让时用公用筷将菜肴夹起，迅速放入凉开水中浸一下，然后送入客人碗中。要注意拔丝的效果，分让动作要敏捷、连贯，做到即拔、即上、即浸、即食。

(3) 鸡、鸭等整形类菜肴

分让鸡、鸭等整形类菜肴，要先用刀、叉剔去骨头。分让时要按鸡、鸭类菜肴的自身结构来分割及分派，要保持其形状的完整和均匀。一般头尾不分派，留在碟中，由客人自行取用。分让时，要把较好的部分分派给重要宾客，以显示客人身份的尊贵和服务的周到。

(4) 冬瓜盅

冬瓜盅是夏令名菜，带皮的炖品，由于瓜身高，一般要两次分派。第一次先用服务勺将冬瓜肉和盅内配料汤汁均匀地分给客人。由于分让后的瓜皮很薄，容易破裂，所以必须横切去上部瓜皮后再进行第二次分让。

(5) 分让肘子

分让肘子时，先用公筷压住肘子，然后用公勺或刀将肘子切成若干块，再按宾主次序分让。

(6) 蛋煎制品

分让蛋煎制品时，先用公筷压住蛋饼，然后用公勺或刀将蛋饼扒成若干块，再按宾主次序分让。

6. 分菜注意的问题

(1) 注意分菜的顺序

分菜服务时，应按照先女后男、先宾后主的原则进行。

(2) 分量均匀

分菜时要掌握好菜点的数量，每位客人能分多少，要做到心中有数，并尽量做到一勺准。对于块、只类的菜肴（如白灼罗氏虾），分菜前最好先数一下，以免分让不均。切忌将一勺菜分给两位客人，更不允许从客人的菜盘中往外拨菜。

(3) 动作轻快、手法卫生

服务员动作要协调利落。在保证质量的前提下，要以最快的速度完成操作，以免菜肴变凉，并且不要将菜肴和汤汁滴洒在台面或客人身上。同时切忌叉勺在盘中刮出响声。

(4) 跟上佐料

在分派带有佐料的菜肴时，要跟上佐料，并略加说明，再将菜肴连同佐料分派到客人的餐碟中。在使用一些特殊佐料时，应先征求客人的意见或让客人自行添加。

(5) 分派均匀

分菜时要均匀，包括荤素搭配均匀、汁菜搭配均匀等。头、尾、骨、刺等不能分给客人。

(6) 剩余合理

菜肴分给一桌客人后，菜盘内要剩下1/10左右，以示菜肴的宽裕和以备客人再添。

如是高档菜肴，应一次分匀、分光。

情景训练

1. 中餐分菜服务

实训用具：服务叉、服务勺、公用筷、公用勺、长柄勺、刀、叉、餐盘、工作台等。

实训目标：基本操作程序、操作标准练习。

实训要求：依照操作程序、标准练习，要求能熟练、规范、卫生地进行操作，并注意面部表情与服务敬语的使用。

2. 特殊菜肴（鱼类菜肴）分菜服务

实训用具：服务叉、服务勺、刀、餐盘、匙等。

实训目标：基本操作程序、操作标准练习。

实训要求：依照操作程序、标准练习，要求能熟练、快速、卫生地完成为客人分鱼，并保持鱼形的完整与美观。

第 2 章 中餐服务

2.1 中餐零点服务

2.1.1 中餐零点预订

实训目的

通过对餐位预订服务基础知识的讲解和餐位预订服务操作技能的训练，使学生了解中餐零点预订的方式和内容，掌握预订的程序和服务标准，达到具备熟练准确地为客人提供预订服务的能力。

实训方法

按照中餐零点预订的方式、内容设计模拟场景，首先由教师示范讲解，然后学生动手操作训练。在学生操作训练过程中，教师再进行指导，学生反复强化训练、互相点评，达到熟练掌握操作技能的目的。

实训准备

电话、记录登记表、餐厅台图、笔、本、菜单、餐桌、餐椅。

实训内容

① 当面预订；

② 电话预订。

工作任务一：当面预订的受理

程序与操作标准

当面预订的受理的操作标准与要求见表 2-1。

表 2-1 当面预订的受理的操作标准与要求

操作程序	操作标准与要求
问候客人	① 当客人前来预订时，迎宾员礼貌问候客人 ② 将客人引领至预订处，安排预订员接待客人 ③ 若酒店没有专职预订员，迎宾员应主动向客人介绍自己，表示愿意为客人服务
了解需求	① 礼貌地询问客人的姓名、单位、用餐时间、人数、台数、标准及联系方式等内容 ② 在征得客人同意后为其安排相应的包间或餐台，并告知客人包间名称或餐台的台号
接受预订	① 向客人复述预订的内容，请客人确认、签字 ② 告诉客人餐位最后的保留时间 ③ 向客人致谢并告别
预订通知	① 填写预订登记单 ② 将填写好的预订登记单经餐饮部总监确认签字后递送餐厅、厨房及相关部门
预订记录	① 将预订的详细内容记录在预订登记本上 ② 零点预订登记本每月一本，每天一张，用后存档

工作任务二：电话预订服务的受理

程序与操作标准

电话预订服务的受理的操作标准与要求见表 2-2。

表 2-2　电话预订服务的受理的操作标准与要求

操作程序	操作标准与要求
问候客人	① 电话铃响三声之内接听电话 ② 使用酒店规定的服务用语向客人问好，并准确报出餐厅名称及自己的姓名
了解需求	① 对报出姓名的客人，服务员应称呼其姓名，以示对客人的尊重 ② 仔细聆听客人的介绍，了解客人的身份，问清客人的姓名、单位或房号、用餐日期及时间、宴请对象、人数、桌数及其他要求 ③ 在征得客人同意后为其安排相应的包间或餐台，并告知客人包间名称或餐台的台号
接受预订	① 复述客人预订的内容，并请客人确认 ② 请客人留下准确的联系方式 ③ 告知客人所预订的餐位最后的保留时间 ④ 向客人致谢并道别
预订通知	① 填写预订登记单 ② 将填写好的预订登记单经餐饮部总监确认签字后递送餐厅、厨房及相关部门 ③ 对有特殊要求的预订，要及时通知餐厅经理和厨师长
预订记录	① 将预订内容记录在预订登记本上 ② 零点预订登记本每月一本，每天一张，用后存档

要点提示

① 预订是餐厅对客人的承诺，因此，在约定的时间内必须为客人保留餐位。

② 在餐厅实际接待服务中，常常会出现客人预订后未按照约定时间到达。所以，预订员在接受客人预订时，一定要强调时间的重要性，主动告诉客人酒店为其保留餐位的时间限制。

③ 如果酒店因某种特殊原因需要更改客人预订的时间或地点，必须事先征求客人的意见。更改后的标准和条件应有一定的优惠并达到客人的需求。

④ 预订员既要精通预订业务，又要具备良好的服务意识和道德素养，应注意服务的主动性，以良好的服务态度尽量满足客人的需求。

⑤ 预订员应避免出现接听电话不及时、接听电话不使用酒店规定的服务用语或无法满足客人要求而立即回绝客人的情况。要从客人的角度出发，提出建议。

⑥ 接受预订时，需仔细询问客人的预订要求。对于客人提出的特殊要求，一定要做好细节记录，逐一填写在预订登记表上，并对客人的预订做进一步确认。

相关知识

1. 预订的种类

① 电话预订;
② 面谈预订;
③ 网络预订;
④ 传真预订。

2. 预订的内容

① 客人预订的用餐日期及时间;
② 客人用餐人数及标准;
③ 订餐客人的姓名、单位、联系电话及传真号码;
④ 酒店的有关规定、其他服务项目或客人的特殊要求;
⑤ 点餐方式;
⑥ 客人是选择在吸烟区还是非吸烟区;
⑦ 接受预订的日期和预订员签名。

3. 预订登记表

预订登记表如表 2-3 所示。

表 2-3 预订登记表

年　月　日

包房/餐台	午餐				晚餐			
	姓名电话	用餐时间	人数标准	特殊要求	姓名电话	用餐时间	人数标准	特殊要求
包房1								
包房2								
⋮								
1号台								
2号台								
⋮								
备注								

客人的"预订"

一天中午,一位客人打电话到餐厅,要订一份"86元的中式套餐",并希望餐厅能为其预留位置。当时,接电话的预订员正准备去用午餐,考虑到客人要半小时后才能过来,而这段时间餐厅生意并不忙,且自己用餐的时间不到半小时,于是她在未向其他同事交代的情况下便去吃饭了。大约一刻钟后,客人来到餐厅,询问另一名当值服务员,说刚才已打过电话,询问套餐是否已准备好。当值的服务员称没有接到客人电话,不知此事。客人非常生气,于是向餐厅经理投诉。

评析

准确的沟通是酒店服务之魂,没有沟通就没有服务。本案例存在三个方面的问题需要引起注意。

① 第一位服务员对客人的要求理解有误。客人称半小时后进餐,其实客人是希望餐厅提前准备好菜肴,以便到餐厅时就可以直接吃到预订的套餐,因为他可能有事情要办理而赶时间或是不愿意在餐厅等候,而不是半小时后才来餐厅点餐。

② 沟通方式的问题。作为餐厅服务人员,要注意客人口头承诺的随意性,比如该客人说半小时后来餐厅进餐,却在一刻钟后就来了。所以,无论遇到什么情况,服务人员都要合理安排好自己的工作,脱岗时一定要将工作及时交代给同事,避免出现服务脱节现象。

③ 当值服务员与客人的沟通问题。在未弄清楚情况时,餐厅服务员随便对客人说"不",显然有不妥之处。要知道,把责任推给客人是很容易引起客人不满和投诉的。

2.1.2 餐前准备

实训目的

通过对餐前准备工作基础知识的讲解和餐前准备操作技能的训练,使学生能意识到餐前准备工作的重要性,了解餐前准备的内容,掌握餐前准备工作的操作程序与标准,为接下来的服务工作打下良好的基础。

实训方法

首先由教师示范讲解,然后学生动手操作训练。在学生操作训练过程中,教师再进行指导,学生反复强化训练,达到熟练掌握操作技能的目的。

实训准备

餐具:骨碟、味碟、汤碗、汤勺、筷子、筷架等。
用具:台布、餐巾、小毛巾、花瓶、调料瓶、牙签筒、烟灰缸、备餐柜、菜单等。
酒具:水杯、葡萄酒杯、白酒杯等。

实训内容

① 班前会;
② 摆台;
③ 餐厅卫生准备;
④ 备餐柜准备;
⑤ 设备检查。

工作任务一:班前会

程序与操作标准

班前会的操作标准与要求见表2-4。

表2-4 班前会的操作标准与要求

操作程序	操作标准与要求
仪表仪容检查	检查员工的仪表仪容,看是否按酒店要求着装、化妆等,检查服务用具是否备好
了解菜品供应	向员工介绍当天厨房菜品、水果供应情况和当天特色菜肴的原料、口味和烹饪方法等
介绍预订客人	介绍预订客人的情况、重要客人的接待工作,给员工分派任务
列举投诉案例	向员工讲解客人的投诉及处理解决的最佳方法
总结前一天工作	总结前一天的工作,讲解当日工作要点
协调其他部门	协调解决其他部门对本部门的意见及请求协作的事项

要点提示

班前会是餐厅每天开餐前必须进行的一项工作，一般由餐厅经理或主管负责。开班前会的要点如下。

① 班前会要有时间限制，一般以 15 分钟为宜；要有统一的开会时间，通常午餐班前会在上午 10 点进行，晚餐班前会在下午 4 点进行。
② 开会前要做好充分的准备工作，事先记录开会时要讲的工作要点。
③ 开会时要求员工列队，要用友好的态度激励员工。
④ 讲话要清晰，气氛要轻松，让员工易于接受。
⑤ 定期请上级领导到会指导，及时传达上级的指示，做到下情上报，上情下传。
⑥ 遇到重大问题可延长开会时间。
⑦ 利用班前会实施培训和技术交流。
⑧ 强调餐厅制度及工作标准。
⑨ 开餐前要检查员工的仪容仪表是否符合本酒店的要求。

工作任务二：餐前各项准备工作

程序与操作标准

餐前各项准备工作的操作标准与要求见表 2-5。

表 2-5　餐前各项准备工作的操作标准与要求

操作程序	操作标准与要求
员工准备	员工按餐厅规定着装、化妆
餐厅摆台准备	① 餐具定位准确 ② 餐具距离相等 ③ 餐厅所有餐具横竖成一条线 ④ 餐具干净卫生，无破损
餐厅卫生准备	① 餐厅大门及周围环境干净整齐 ② 地毯干净无杂物，无起包现象 ③ 备餐柜内外干净，物品齐全 ④ 台布干净、无褶皱 ⑤ 服务车干净、无异味 ⑥ 沙发桌椅干净、无污渍

续表

操作程序	操作标准与要求
餐厅卫生准备	⑦ 转盘干净明亮，转动自如 ⑧ 客用通道及卫生间清洁卫生
备餐柜准备	物品齐全、分类摆放、干净整齐、使用方便
检查设备	开餐前1小时检查所有照明设备、空调、背景音乐开关及音响设备是否正常，发现问题及时报修
检查预订摆台	① 所摆餐位符合一定人数 ② 指示牌干净，内容正确 ③ 餐台鲜花鲜艳、美观，无客人禁忌 ④ 客用菜单干净，内容正确无误
打开餐厅大门	如无特殊情况，一般午餐在11点整、晚餐在5点整，由迎宾员提前5分钟打开餐厅大门，准备迎接客人

要点提示

① 餐前准备工作要充分、细致。
② 餐厅环境卫生、餐具卫生、个人卫生是餐前准备的重要工作，应特别注意。
③ 注意班前会信息的传达要翔实、准确。

相关知识

餐前准备是餐厅服务人员在客人到达餐厅之前按照服务程序要完成的一系列服务准备工作，是做好服务工作的开始。

餐前准备的内容包括以下几方面。

1. 环境准备

① 清扫地面卫生。清扫地面，擦拭地板及地板打蜡、地毯吸尘。
② 清扫四周环境卫生。擦拭门窗及玻璃、楼梯扶手、拂去墙壁、衣帽柜、装饰物上的灰尘。
③ 擦拭餐桌、餐椅。桌面应无油渍、污物和破损；桌腿、椅背、椅腿应擦拭干净，并检查有无松动，发现问题要及时报修。
④ 清扫工作台。工作台应干燥、清洁，无灰尘、油污。

⑤ 调好室内灯光、音响，摆好室内屏风、装饰物等。
⑥ 根据需要做好节假日、喜筵的店堂美化工作。

2. 物品准备

（1）餐具、用具准备

根据餐厅类别，将所需要的餐具消毒后叠放在备餐间或备餐桌上，检查餐具是否有破损情况，如有破损，应立即更换。所需的餐具有骨碟、汤碗、汤勺、筷子等；所需用具有台布、餐巾、小毛巾、花瓶、调料瓶、牙签筒、烟灰缸、备餐柜、菜单等；所需酒具有水杯、葡萄酒杯、白酒杯等。

（2）服务用品准备

如各种托盘、开瓶工具、餐巾、牙签等的准备。

（3）酒水、饮料准备

备好供应的酒水、饮料、餐巾、牙签、茶叶、冰块等。检查酒水、饮料的质量，如有问题需及时更换。

（4）当日菜单准备

开餐前，应熟悉当日菜单、品种、价格、主料、辅料、口味等特点、基本制作过程和方法、烹制时间、菜肴典故等。

3. 心理准备

餐厅服务员要做好应付各种意外情况的心理准备。来餐厅用餐的客人，由于他们的年龄、职业、身份、地区、性别、国籍不同，其用餐的目的、标准及要求也各有不同，餐厅服务员要能做到处处留心，时时细心，事事经心，眼观六路，耳听八方，对顾客的眼神、表情、举止、动作要善于观察和判断。对各类宾客多种用餐要求要有心理准备，要因人而异地服务，掌握好尺度，使服务接待工作恰到好处。

4. 仪容仪表准备

餐厅服务员仪容仪表总的要求是端庄典雅，容貌端庄大方，给人以亲切、可信赖的印象。仪容的要求是适度、美观、容光焕发、精神振作。餐厅女服务员应淡妆上岗，各种饰品一般不用，用则求简。餐厅服务员上岗必须按规定着装，衬衣一般系裤内或裙内，左胸前佩戴标牌，工作服整齐清洁，纽扣齐全，领带、领结符合规定，做到无脏、无皱、无破损。头发梳理整齐，男发不超过发际线，不盖耳、不过领、不留大鬓角，女发不过肩。个人卫生清洁，不留长指甲，要勤换衣，避免异味，保持体味清新。餐厅服务员上岗期间要精神饱满，注意力集中，餐厅女服务员不能涂抹有色指甲油。要面带微笑，体态高雅，举止庄重，落落大方。上岗前，餐厅服务员要面对梳妆镜，进行自我检查，看是否合乎要求，要以最佳的精神状态做好开餐前的准备工作。

案例分析

餐具上的裂痕

一位翻译带领4位德国客人走进了某三星级饭店的中餐厅。入座后，服务员开始接受他们点菜。客人点了一些菜，还要了啤酒、矿泉水等饮料。进餐过程中，一位客人突然发出诧异的声音，原来他的啤酒杯有一道裂缝，啤酒顺着裂缝流到了桌子上，翻译急忙让服务员过来换杯。与此同时，另一位客人用手指着眼前的小碟子让服务员看，原来小碟子上有一个缺口。翻译赶忙检查了一遍桌上的餐具，发现碗、碟、瓷勺、啤酒杯等用品均有不同程度的损坏，上面都有裂痕、缺口和瑕疵。

翻译站起身把服务员叫到一旁，说："你们这里的餐具怎么都有毛病？这可会影响外宾的情绪啊！"

"这批餐具早就该换了，最近太忙还没来得及更换，您看其他桌上的餐具也有毛病。"服务员红着脸解释着。

"这可不是理由啊！难道这么大的酒店连几套像样的餐具都找不出来吗？"翻译有点火了。

"您别着急，我马上给您换新的餐具。"服务员急忙改口。翻译和外宾交谈后又对服务员说道："请你最好给我们换个地方，我的客人对这里的环境不太满意。"

经与餐厅经理商洽，服务员最后将这几位客人安排在小宴会厅用餐，餐具也使用质量好的，并根据客人的要求摆上了刀叉。

望着桌上精美的餐具，喝着可口的啤酒，这几位宾客终于露出了满意的笑容。

评析

从客人进入餐厅门口的那一刻，餐厅的地面、温度、菜品、桌椅等都是服务员需要注意的问题，本案例说明了餐前准备工作的重要性。

餐前检查在很大程度上可避免顾客对用具、菜肴、环境等的不满，同时也可提高餐中的工作效率，做到忙而不乱，提高客人满意度。检查分为用具和用品的检查、就餐环境的检查、菜肴检查等，管理人员可根据不同的时间段或职务进行分工，做到责任到人。

本案例反映出的问题不单只是餐前准备工作的问题，而且还是管理上的问题。三星级的酒店竟然把坏的餐具摆在台面上，而餐前检查却未发现，可见其管理上的漏洞。

2.1.3 迎宾服务

实训目的

通过对迎宾服务基础知识的讲解和迎宾服务操作技能的训练，使学生了解引领客人、安排客人入座的技巧，掌握迎宾服务的过程与标准，达到能够热情、准确、熟练迎接客人的能力。

实训方法

按照中式零点餐厅服务的方式、内容等设计场景。首先由教师示范讲解，然后学生动手操作训练。在学生操作训练过程中，教师进行指导，学生反复强化训练，达到熟练掌握操作技能的目的。

实训准备

记录本、笔、菜单、餐桌、餐椅、衣架等。

实训内容

① 餐厅有座位时的迎宾服务。
② 餐厅无座位时的迎宾服务。

工作任务一：餐厅有座位时的迎宾服务

程序与操作标准

餐厅有座位时的迎宾服务的标准与要求见表2-6。

表2-6 餐厅有座位时的迎宾服务的操作标准与要求

操作程序	操作标准与要求
迎接客人	客人到达餐厅，迎宾员应面带微笑，主动上前问候客人

续表

操作程序	操作标准与要求
引位	① 如客人已经预订，迎宾员应热情地引领客人入座 ② 如客人没有预订，迎宾员则应礼貌地将客人引领到客人满意的餐桌 ③ 迎宾员引领客人时，应走在客人右前方 1 米处，且不时回头，把握好客人与自己的距离
拉椅让座	① 当迎宾员把客人带到餐桌边时，值台服务员应主动上前问好并协助迎宾员为客人拉椅让座，注意女士优先 ② 站在椅背的正后方，双手握住椅背的两侧，后退半步的同时将椅子拉后半步 ③ 用右手做请的手势，示意客人入座 ④ 在客人即将坐下的时候，双手扶住椅背的两侧，用右腿顶住椅背，手脚配合将椅子轻轻往前送，使客人不用自己移动椅子便能恰到好处地入座 ⑤ 拉椅、送椅的动作要迅速、敏捷，力度要适中、适度
送上菜单	① 迎宾员在开餐前应认真检查菜单，保证菜单干净整齐，无破损 ② 迎宾员应根据客人的人数准备相应数量的菜单 ③ 当客人入座后，打开菜单的第一页，站在客人的右后侧，按先宾后主、女士优先的原则，依次将菜单送至客人手中
服务茶水	① 服务茶水时，应先询问客人喜欢饮用何种茶，适当作介绍并告知价位 ② 按照先宾后主的顺序为客人倒茶水 ③ 在客人的右侧倒第一杯礼貌茶，以 8 分满为宜 ④ 为全部客人倒完茶水后，将茶壶填满水后，放在转盘上，壶柄朝向客人，供客人自己添茶
服务毛巾	① 根据客人人数从保温箱中取出小毛巾，放在毛巾篮中，用毛巾夹服务毛巾 ② 服务毛巾时站在客人右侧 ③ 按女士优先、先宾后主的原则依次送上 ④ 客人用过的毛巾需在征询客人同意后方可撤下 ⑤ 毛巾要干净、无异味，热毛巾一般保持在 40 度
铺餐巾	① 服务员依据先宾后主、女士优先的原则为客人铺餐巾 ② 一般情况下应在客人右侧铺餐巾，如不方便，也可在客人左侧为客人铺餐巾 ③ 铺餐巾时应站在客人右侧，拿起餐巾，将其打开，注意右手在前，左手在后，将餐巾轻轻铺在客人膝盖上或将餐巾打开压在骨碟下面，注意不要将胳膊肘送到客人的面前（左侧服务相反） ④ 如有儿童则应根据家长的要求，帮助儿童铺餐巾
撤、加餐具	① 按用餐人数撤去多余餐具，或补上所需餐具，并调整座椅间距 ② 如有儿童就餐，需搬来加高的儿童椅，并协助儿童入座
撤筷套	① 在客人的右侧，用右手拿起带筷套的筷子，交于左手，用右手打开筷套封口，捏住筷子的后端并取出，然后摆在桌面原来的位置上 ② 将每次脱下的筷套握在左手中，最后一起收走

续表

操作程序	操作标准与要求
记录	在协助服务员完成上述服务后,迎宾员回到迎宾岗位,将客人人数、到达时间、台号等迅速记录在迎宾记录本上

工作任务二:餐厅客满时的迎宾服务

程序与操作标准

餐厅客满时的迎宾服务的操作标准与要求见表2-7。

表2-7 餐厅客满时的迎宾服务的操作标准与要求

操作程序	操作标准与要求
迎接客人	客人到达餐厅,迎宾员面带笑容,主动上前问好
服务	① 礼貌地告诉客人餐厅已满 ② 询问客人是否可以等待,并告知大约等待时间 ③ 安排客人在休息处等待,为客人提供茶水服务 ④ 与餐厅及时沟通,了解餐位情况,以最快的速度为客人准备餐台 ⑤ 为客人送上菜单,可提前请客人点菜

要点提示

① 如遇 VIP 前来就餐时,餐厅经理(主管)应在餐厅门口迎候。

② 如迎宾员引领客人进入餐厅而造成门口无人时,餐厅领班应及时补位,以确保客人前来就餐时有人迎候。

③ 如客人前来就餐而餐厅已满座时,应请客人在休息处等候,并表示歉意。待餐厅有空位时立即安排客人入座,也可以将客人介绍至酒店的其他餐厅就餐。

④ 迎宾员在安排餐桌时,应注意不要将客人同时安排在一个服务区域内,以免有的服务员过于忙碌,而有的服务员则无所事事,影响餐厅服务质量。

⑤ 如遇带儿童的客人前来就座,迎宾员应协助服务员送上儿童座椅。

⑥ 如遇客人来餐厅门口问讯,如问路、看菜单、找人等,迎宾员也应热情地帮助客人,尽量满足客人要求。

相关知识

1. 问候、引领客人

客人对餐厅的第一印象来自服务员的问候，这一工作通常是由迎宾员来负责的。但是，在酒店餐厅里问候客人不只是迎宾员的工作，酒店的任何员工在酒店的任何地方遇见客人都必须向客人问候。

问候、引领客人应注意以下几点。

① 当客人来到餐厅时，迎宾员应使用餐厅规定的敬语热情礼貌地问候客人。通常情况可说："早上好/中午好/晚上好！××先生/××女士，欢迎光临××餐厅，请问几位？"

② 询问客人姓名以便称呼客人。

③ 询问客人是否有预订，如客人尚未预订，立即给客人安排座位。

④ 协助客人存放衣物，提示客人保管好贵重物品，将取衣牌交给客人。

⑤ 迎宾员右手拿菜单，左手为客人指示方向，要四指并拢手心向上，同时说"请这边走/请跟我来"。

⑥ 引领客人进入餐厅时要和客人保持1米的距离，将客人带到餐桌前，并征询客人意见。

⑦ 帮助客人轻轻拉开座椅，带客人落座前将座椅轻轻送回。

2. 安排客人座位

① 一张餐桌只安排同一批客人就座。

② 要按照一批客人的人数去安排合适的餐桌。

③ 吵吵嚷嚷的大批客人应当安排在餐厅的包房或餐厅靠里面的地方，以避免干扰其他客人。

④ 老年人或残疾人应尽可能安排在灯光明亮、靠餐厅门口的位置，以避免多走动。

⑤ 年轻的情侣喜欢安静且景色优美的地方。

⑥ 服饰漂亮的客人可以烘托餐厅的气氛，可以将其安排在餐厅中引人注目的地方。

⑦ 安排客人时，应尽量让客人靠窗、靠门口落座，给客人以高朋满座之感。

⑧ 引领餐位时一定要注意合理分工，尊重客人的选择。

3. 客人入座后的服务内容

① 为客人提供毛巾和茶水服务。

② 为客人铺餐巾。
③ 为客人撤筷套及多余餐具。
④ 为客人送上菜单。

4. "迎宾记录表"示例

"迎宾记录表"示例见表2-8。

表2-8 迎宾记录表

年　　月　　日　　星期

	预订客人			零散客人			人数总计
	人数	时间	台号	人数	时间	台号	
早餐							
午餐							
晚餐							
合计							

注：
① 每天统计一张。
② 人数统计可细分为忠诚客人、住店客人、店外客人等。
③ 时间统计可划分时间段进行。
④ 台号统计可知晓区域流动和热门餐桌。

例分析

微笑——化解矛盾的润滑剂

一个阳光普照、风和日丽的星期六，某餐厅来了一位西装革履、红光满面、戴墨镜的中年先生，实习生小王快步上前，微笑迎宾，问位开茶。可是，这位客人却不领情，一脸不高兴地问道："我两天前就已预订了一桌酒席，怎么看上去你们没什么准备似的？""不会的，如果有预订，我们都会提早准备的，请问是不是搞错了？"小王连想都没想就回答了客人。客人听了解释后，大发雷霆，并到营业部与营业员争执起来。营业部经理刘小姐闻讯赶来，刚要开口解释，客人又把她作为泄怒的新目标，指着她出言不逊地呵斥起来。此时，刘小姐头脑非常清醒，她明白，在这种情况下，做任何的解释都是毫无意义的，反而会使客人情绪更加激动，于是就采取冷处理的办法让客人尽情发泄，自己则默默地看着他，洗耳恭听，脸上则始终保持一种亲切友好的微笑。一直等到客人把话说完、平静下来后，刘小姐才心平气和地告诉他酒店的预订程序，并对刚才发生的事表示歉意。客人听了她的解释，接受了她的劝说，并诚恳地表示了歉意。

一阵暴风雨过去了，雨过天晴，餐厅的服务重新恢复正常。

评析

本例的症结在于实习员工质疑客人"如有预订，我们都会提早准备的，请问是不是搞错了？"的言语，他应向客人说："请稍等，我帮您查对一下好吗？"这样做，既可以避免出现客人大发雷霆、与营业员争执起来的尴尬局面，又是一次促销行为，争取机会为酒店多做生意。

在酒店的服务工作中，有许多细枝末节的琐碎事情，然而正是这些事情构成了酒店的服务质量。在服务过程中需要服务员的细心和周到，容不得任何环节上出现闪失。为确保酒店的服务质量，各部门、各岗位都必须竭尽全力演好本角色的"戏"，哪怕只有一句很简单的"台词"，或是一个很不起眼的动作，都容不得丝毫马虎。

微笑是酒店服务的基本要求，但要真正做到却并不容易。无论在家庭、工作或是生活中碰上不顺心的事，或者服务中遇到不讲道理的客人，服务员都要善于调整心态，将不愉快压在心底，始终保持微笑服务的状态。

2.1.4 餐中服务

实训目的

通过对餐中服务基础知识的讲解和就餐服务操作技能的训练，使学生了解和掌握餐中服务的基本内容和要求，掌握就餐服务的程序与标准，达到能够为客人提供满意、熟练而准确的就餐服务的能力。

实训方法

按照中餐零点客人就餐的方式、内容等设计模拟场景。首先由教师示范讲解，然后学生动手操作训练。按照角色扮演法进行就餐服务模拟训练，学生分组进行。在学生操作训练过程中，教师进行指导，学生反复强化训练、相互点评、教师最后总评，达到熟练掌握操作技能的目的。

实训准备

餐桌、餐椅、菜单、笔、点菜记录单。

实训内容

① 点菜服务；
② 上菜服务；
③ 客人就餐时的服务。

工作任务一：点菜服务

程序与操作标准

点菜服务的操作标准与要求见表2-9。

表2-9 点菜服务的操作标准与要求

操作程序	操作标准与要求
问候客人	① 礼貌地问候客人 ② 介绍自己 ③ 呈递菜单和酒水单 ④ 征询客人是否可以点菜
介绍、推销菜肴	① 根据客人的消费需求和消费心理，向客人推销、推荐餐厅的特色菜或当天的厨师精选菜 ② 推销各种酒水，向女士、儿童推荐软饮 ③ 介绍菜肴、酒水饮料时，应作适当的描述和解释 ④ 必要时对客人所点的菜量品种、数量提合理化建议 ⑤ 注重礼貌用语的使用，尽量使用选择性、建议性语言，不可强迫客人接受
填写点菜单	① 为客人点菜时，要站在客人左侧，身体略向前倾，认真倾听客人的叙述 ② 回答客人询问时要音量适中，语言亲切 ③ 注意身体姿势，不可将点菜单放在餐桌上填写 ④ 熟悉菜单，对于客人所点菜要做到了如指掌
特殊服务	① 客人所点菜肴过多、过少或有重复时，要及时提醒客人 ② 如客人所点的菜是餐单上没有的或已销售完时，要积极与厨房联系，尽量满足客人的需要或介绍其他相应的菜肴 ③ 如客人所点的菜肴需要较长的烹制时间，要主动向客人解释，告知等待时间，调整出菜顺序 ④ 如客人赶时间，要主动推荐一些快捷易做的菜肴 ⑤ 记清客人的特殊要求，并尽量满足客人的需要

续表

操作程序	操作标准与要求
确认	① 点菜完毕后,要向客人复述一遍所点菜肴及特殊服务要求,并请客人确认 ② 向客人致谢并告知所需等待的时间 ③ 向客人告别
下单	① 填写点菜单要迅速、准确、清楚、工整 ② 填写内容齐全,凉菜、热菜、海鲜、主食要分开填写 ③ 及时将点菜单送交厨房、收银处、传菜部

要点提示

点菜时应注意以下事项。
① 发现客人有点菜的意向,即上前征询:"现在可以为您点菜吗?"
② 点菜时,要站在客人斜后方可以观察到客人面部表情的地方,上身微躬。
③ 如客人不能确定点什么菜肴时应向其介绍、推荐合适的菜肴。
④ 将客人点菜内容复述一遍,请客人确认。
⑤ 将客人所点菜肴填写在四联点菜单上,填写内容齐全,凉菜、热菜、海鲜、主食要分开填写;字迹要清晰,缩写和简写要易于辨认。
⑥ 如客人用餐时间较紧而所点的菜肴烹制时间较长,应及时提醒客人,并征求客人意见。
⑦ 如客人对菜肴有特殊要求,要在点菜单上写明,待收银员签字后第一联送至厨房,第二联收银员自留,第三、四联由传菜员、看台员留底备查。

相关知识

1. 点菜服务六大方式与技巧

(1) 按照上菜顺序点菜

这是在点菜过程中经常使用的一种方法,又被称为程序点菜,就是按照先冷后热,然后汤类、主食、点心的顺序来点菜。

这种点菜的方法需要注意的是,要注重各种菜肴的搭配,如冷热搭配、荤素搭配、菜式搭配、工艺搭配、颜色搭配、形状搭配、味形搭配等,让客人满意。

(2) 按照就餐人数点菜

就餐人数点菜是指根据客人的人数来决定点多少道菜肴。例如,客人只有两个人,那么服务员心中应该明白,两个人点菜,一般点二至三道菜肴就足够了。如果客人点了四道菜,服务人员要提醒客人,这样客人能感觉到,酒店是站在他的角度为其着想的;如果是三到四个人,一般可以点四至五道菜、一个汤。以此类推,这就是按照就餐人数来点菜。

(3) 按照客人的消费习性点菜

不同地方的人,其饮食习惯及口味等要求都是不一样的,服务员要能根据客人的消费习性来有效地推荐菜肴。如港澳地区及广东人,他们的口味偏清淡,喜欢一些咸鲜、脆嫩的菜肴;天津、北京、河北等地的客人喜欢稍咸一点、味道稍微浓一点的菜肴;四川人和湖南人喜欢辣一点的菜肴;江浙、上海的客人口味偏甜,喜欢甜味的、咸带点甜的食品。

有一首四川成都歌谣,说:"南甜北咸、东辣西酸,南爱米、北爱面,沿海城市多海鲜,劳力者肥厚,劳心者清甜,少的香脆刺激,老的巴嫩松软"。这个小歌谣说得很有道理,反映了客人的不同消费习性。

(4) 按照客人的消费能力点菜

点菜时,应按照不同客人的消费层次及消费能力为客人推荐相应的菜肴。针对高消费的商务客人或者支付能力强的客人,服务员可以为客人推荐一些中高档的菜肴,如海鲜、河蟹、野味、菌类等特色菜肴等;针对中档顾客,即有支付能力但不一定追求高消费的顾客群体,可以推荐一些家禽类、小海鲜或素食类的菜肴;白领阶层有一定的消费能力,但这类客人有时不追求奢华、不追求高档,餐厅服务员可推荐一些美味的、让客人感觉有价值感的菜肴。所以,在接受客人点菜时,应根据客人不同的消费能力有针对性地推荐。

(5) 按照食品结构点菜

就是根据餐厅菜单上不同类型的菜肴,如素菜类、海鲜类、水产类等,按照食品结构、类型等有效地为客人进行菜肴组合及搭配。

(6) 按照菜单营养结构搭配点菜

点菜时,要注重营养结构。有的酒店把餐厅菜单上的每一道菜都注明各种营养成分、营养结构及怎样进行菜单搭配,从而让客人知晓。点菜时,通过服务员的引导,让客人所点菜肴都能进行营养搭配组合。如芹菜可以降低血压,对高血压患者来说,吃芹菜有好处。服务人员可根据菜肴的营养结构,有效地引导客人消费。

需要注意的是,餐厅服务员应知晓每道菜的营养结构,并能按营养结构来组合搭配。

2. 介绍菜单

(1) 介绍冷菜

应根据客人是否喝酒水推荐相应的冷菜。如果客人要喝酒,则应推荐制作简单、易入口、味淡但爽口的菜肴,比如花生米、萝卜干、毛豆等;如果客人喝饮料,则应介绍口味偏重的菜肴,如泡椒凤爪、卤水鹅掌之类的冷盘。这样客人在期待热菜上桌前能尽情享受冷菜，而不至于催热菜。

（2）介绍热菜

从点冷菜的过程中服务员就可了解客人是否赶时间，在为客人介绍热菜时要注意以下几点。

① 时间搭配：从第一道热菜到最后一道热菜，这中间所需要的时间要掌握得当，既不能完成太快，也不能让客人等待太久，要适时地把握所点菜肴的上菜时间。

② 菜色搭配：给客人介绍菜肴的过程中，服务员必须为客人着想，点的菜不可颜色过于相近，应该有"万绿丛中一点红，绿叶衬红花"之感。客人点菜时或许不会顾及如此之多，但菜上桌时，他们会把责任归结到服务员身上。所以，给客人点菜时要适当提醒客人。

③ 价位搭配：虽然有些客人是因公请客吃饭，服务员会为客人介绍档次价位较高的菜，但也应考虑推荐中低价位的菜系，这样做，使客人不至于有被宰的感觉，酒店的信誉也会得到提高。

④ 荤素搭配：点菜过程中可以了解到客人的喜好，有的客人喜欢吃些较为油腻的肉类菜，此时，不要忘记向客人推荐一些时鲜蔬菜，让他们在吃完油腻菜肴后品尝点清淡爽口的素菜。

⑤ 器皿搭配：服务员应该了解每道菜的装盘，以便向客人介绍菜肴时注意盛菜器皿的搭配，如"农家豆腐锅仔"、"海鲜铁锅烧"、"三鲜鱿饺"三道菜，服务员清楚用得全部是锅仔，可客人并不了解，如果服务员不提醒客人，待菜上桌时，客人就会不满。为避免此类情况的发生，服务员应事先提醒客人。

案例分析

客人不买单

晚上8点左右，某餐厅来了20多位客人。根据多年的经验和客人的资料，服务员马上得出两个判断：一是有几位是她们熟悉的某体育城的台湾老板，二是应该马上准备两席。于是，服务员便迅速将客人带入设有两个席台的黄海厅。当客人进入厅房落座后，领班小刘马上上前为他们热情地服务。一系列的服务完毕后，客人要求点菜，这时，领班小刘双手捧菜谱递给一位姓王的老板，请他点菜。经过小刘的介绍，客人点了8菜1汤。小刘想：20个人，8菜1汤，如果按这样显然不够吃，因此，她将汤定成大盘，菜定为中盘。没过多久，汤菜陆续上来了。

经过一番觥筹交错，客人酒足饭饱，9点半左右，王老板要求买单，小刘立即把准备好的账单交给他。王老板看到总消费金额为30 000多元，显得很惊讶。待仔细看了账单后立即叫了起来:"我们没有叫菜按中盘上,为什么给我们上中盘?我们绝不买单!"一听这话,领班小刘马上走上前,说:"因为你们人多,而你只点了8个菜,所以我就给你们把菜按中盘上,这样才够吃。"王老板说:"为什么事先不征求我的意见?"张口结舌的小刘只好把经理请来。又是道歉,又是打折、送水果,最后客人才买单,悻悻地离去。此时空荡荡的厅房里,只剩下心有余悸的小刘。

评析

从以上实例我们可以看出,这是一种典型的"好心办坏事"的案例。

在服务过程中,服务员不能凭自己的主观臆断,想当然地处理某些事。如上述实例,领班小刘没有经过客人的同意就将菜定为中盘;其次,不能认为是以前的熟客,便可以以老朋友的身份替客人做主而疏忽工作程序,尤其不能将本部门的一些内部参照标准认为是熟客是事先知情的,并且按一般的生活常识和处理方法来衡量客人的要求。一旦客人愿意采取一些特殊的方式时,必然会引起双方的争执和不快。

领班小刘在事件发生后,没有及时向客人道歉,而是满怀委屈地为自己辩解,这违反了酒店业的常规条律——"客人永远是对的",他没有把"对"留给客人、把"错"留给自己,进一步引起了客人的不满。

通过以上实例可以看出,服务员在日常的工作中,必须做到精益求精。客人消费时,应仔细征求客人的意见,而不是凭自己的主观推测来擅自替客人做主。只有这样,才能使客人满意,从而提高酒店的美誉度。

工作任务二:上菜服务

程序与操作标准

上菜服务的操作标准与要求见表2-10。

表2-10 上菜服务的操作标准与要求

操作程序	操作标准与要求
选择上菜口	根据客人的实际入座情况选择上菜口
上菜	① 上菜前要整理餐台上的菜肴,待移出位置后再上菜肴 ② 在上菜口将菜肴送上餐台 ③ 报菜名时声音要明亮清晰 ④ 上带壳的菜肴时,要跟上洗手盅和小毛巾 ⑤ 特殊菜肴在上菜前要先上专门的餐具和调料;上汤时,将汤摆放到餐桌后,要向主人询问是否需要分汤服务

续表

操作程序	操作标准与要求
介绍菜肴	为客人介绍菜肴的原料、配料、风味特点、历史典故等
分菜服务	① 对于要求分餐的客人,菜品上桌后需报菜名,并展示菜肴 ② 按人数将菜品进行分餐,并请客人慢用
酒水服务	① 按照客人所点饮品到吧台领取酒水和饮料 ② 检查酒水瓶是否干净,并用干净的口布进行擦拭 ③ 冷藏或加热的酒水要用口布包住酒瓶,然后斟倒 ④ 斟倒完毕,将剩余的酒水、饮料放在餐台一角。如酒水品种较多,应在征求客人意见后放置在工作台上

要点提示

有关中餐上菜的位置、顺序、时机、要领、注意事项等,详见第一章(1.5 上菜)

相关知识

上菜与传菜

后厨在接到入厨单后,应及时准备菜肴,凉菜应在两分钟内出一道成品菜,热菜在 3~5 分钟内出一道成品菜。上菜前应注意菜肴的色泽、新鲜程度,看有无异味、灰尘、飞虫等不洁物。检查菜肴卫生时严禁用手翻动或用嘴吹,必须翻动时,要用消过毒的器具。凉菜注意新鲜程度,不能向客人提供变质、变味、发黏等不符合卫生标准的菜肴。

由于客人用餐情况不同,上菜的程序也不会完全相同,餐厅服务员需熟悉菜单及上菜的先后顺序,熟练掌握上菜的操作程序和方法,特别是对一些特殊菜的上菜方法更应该注意。传菜人员与后厨要密切配合,保证菜肴的色、香、味、形符合标准。

案例分析

不要忽视"上帝"身边的"小皇帝"

某饭店零点餐厅正开午餐,一位老先生带着全家老小来餐厅用餐。迎宾员将他们引领到服务员小周负责的区域。上菜时,由于客人人数较多,坐得很稠密,小周看两个孩子之间空位较大,就从孩子中间上菜。女主人有些不高兴,说:"你不能从别的地方上菜吗?"小周忙说:"对不起。"过了一会,传菜员看小周正忙,就直接帮他上菜,无意中又选择了孩子之间。这时女主人可就生气了:"不是给你们说过了,怎么还在孩子那上菜?烫着孩子你们负责啊?"小周知道后马上道歉,说这是自己的过失,马上改为在其他空位上菜,并送给小朋友们小礼物。小朋友很高兴,大人们也就不计较了。

评析

孩子是现代家庭的重心,家长对孩子照顾得无微不至,看到孩子喜悦的笑容,就会感到无比幸福。服务员在服务中要注意这一现象,在接待带孩子的宾客时,要掌握儿童就餐时的特性:儿童好动,喜欢乱动乱跑,看到自己喜爱的食物、饮料往往会大喊大叫,手舞足蹈。如果选择在儿童中间上菜,有可能会碰翻菜肴、汤水,导致孩子烫伤,其后果不堪设想。因此,在服务中,服务员选择上菜口要避开儿童,不要忽视"上帝"身边的"小皇帝"。

工作任务三:客人就餐时的服务

程序与操作标准

客人就餐时的服务的操作标准与要求见表 2-11。

表 2-11 客人就餐时的服务的操作标准与要求

操作程序	操作标准与要求
保持餐桌卫生整洁	① 时刻保持餐台的清洁卫生,随时收走餐台上的杂物,空盘要在征得客人同意后撤去 ② 在撤换菜盘时,如转盘脏了,要及时抹干净。抹时用干净的抹布和一只餐碟进行操作,以免脏物掉到台布上。清理干净转盘后才能重新上菜 ③ 如果餐桌台面上有剩余残物,要用专用的服务用具,切不可用手直接操作
撤换餐具	① 撤换餐盘需在宾客将盘中食物吃完后方可进行 ② 如宾客放下筷子而菜未吃完时,应征得宾客同意后才能撤换 ③ 撤换时要边撤边换,撤与换交替进行 ④ 按先主宾后其他宾客的顺序撤换 ⑤ 注意要站在宾客右侧操作,摆放餐具要轻拿轻放。右手操作时,左手要自然弯曲放在背后
撤换烟灰缸	① 烟灰缸内有两个烟蒂或明显杂物时,需给客人更换烟灰缸 ② 准备两个干净的、消过毒的烟灰缸,放入服务托盘中 ③ 撤换时,站在客人的右侧,并示意客人 ④ 左手托托盘,右手从托盘中取出一个干净的烟缸,盖在客人台面的脏烟灰缸上,用食指压住上面的干净烟灰缸,用拇指和中指夹住下面的脏烟灰缸,把两个烟灰缸一同撤下放入左手的托盘中,再将托盘中另一个干净的烟灰缸放在餐桌烟灰缸原来的位置。这样可以避免烟灰飞扬,污染菜点或落在客人身上

续表

操作程序	操作标准与要求
服务香烟	① 当客人准备吸烟时,要主动上前为客人点烟。操作时用右手在客人右后侧进行 ② 使用打火机为客人点烟时,需事先对其火焰大小进行检查 ③ 操作时用右手握住打火机,拇指按住打火机开关,在客人侧面将打火机打着后再移送过去 ④ 点燃香烟后,熄灭火焰,再为另一个客人重新打火点烟。不能用一个火苗为两个以上的客人点烟
服务酒水	① 随时观察客人用酒情况,在客人饮用剩至1/3时,及时斟酒 ② 掌握客人酒水情况,及时推销,提供添酒服务
加菜的处理	① 服务员应仔细观察,及时了解客人加菜情况 ② 了解客人加菜的原因 (客人加菜的原因有:一是所点的菜肴不够吃;二是想将菜肴带走;三是对某一道菜肴特别欣赏,想再吃一次;四是对某道菜肴不满意或是点错了。) ③ 主动介绍菜肴,帮助客人选择菜肴 ④ 根据客人的需要开单下厨

 点提示

1. 撤换烟灰缸的注意事项

① 所更换的烟灰缸中如果还有半截正在燃烧的香烟时,需先征询客人是否可以撤换掉。

② 不得用手去拾客人掉落的烟蒂。如必须用手,拾完后要立即洗手。

2. 席间服务的服务要点

① 客人用餐过程中,服务员要勤巡视、勤斟酒、勤换烟灰缸,细心观察宾客的表情及示意动作,主动服务。服务时,态度要和蔼,语言要亲切,动作要敏捷。

② 暂停工作时要站在一边,与餐台保持一定距离。站立要端正,眼神要专注。

③ 客人的餐巾、餐具、筷子掉在地上应马上拾起。

④ 若宾客在用餐期间弄翻了酒水杯具,要迅速用餐巾帮助宾客清洁,并用干净的餐巾盖上弄脏的部位,为宾客换上新的杯具,然后重新斟上酒水。

⑤ 客人用餐完毕,马上送上热茶和香巾,随即收去台上除酒杯、茶杯以外的全部餐具,抹净转盘。

相关知识

撤换餐具

在客人用餐过程中,需要多次撤换餐碟或小汤碗。

(1)撤换餐具的意义

撤换餐具的意义主要有三点:显示服务的优良和菜肴名贵;突出菜肴的风味特点;保持桌面卫生雅致。

(2)撤换餐具的时机

通常在以下情况下,就应撤换餐碟。

① 上翅、羹或汤之前,上一套小汤碗,待宾客吃完后,送上毛巾,收回汤碗,换上干净餐碟。

② 客人吃完带骨的食物或芡汁多的食物后,需及时更换干净餐碟。

③ 在上甜菜、甜品之前应更换所有的餐碟和小汤碗。上水果之前,要换上干净的餐碟和水果刀叉。

④ 残渣骨刺较多及有其他脏物,如烟灰、烟蒂、废纸、用过的牙签的餐碟,要随时更换。

⑤ 宾客失手将餐具跌落在地时要立即更换。

热情周到 ≠ 服务质量好

五月的一天晚上,某三星级酒店的中餐厅来了4位熟客,看得出来他们是久未相见的老朋友。点菜时,实习生小李热心地向客人推荐餐厅特色菜茶花鸡,客人欣然接受。当茶花鸡上桌时,小李又热情地向客人介绍本餐厅其他特色食品,在座的客人都非常满意小李的服务。

在客人们津津有味地品尝茶花鸡时,小李看到客人的骨碟已满,就对一位年轻客人说:"对不起,先生,给您换一下骨碟好吗?"此时客人右手正拿着一只鸡翅,见状忙侧身让开。为避免碰到小李,客人还把右手举过了肩膀。小李发现骨碟中还有一只凤爪时,便提醒客人:"先生,还有一只凤爪呢!"客人又连忙用左手拿起那一只凤爪。手拿凤爪和鸡翅的客人为不影响小李更换骨碟而双手高举作投降状,一旁的年老客人看到后便打趣说:"怎么,是不是喝不下酒向我投降啊?"年轻客人一听,连忙自嘲说:"我是向漂亮的服务员投降。要说到喝酒，我哪会怕您。等服务员换好餐碟，我好好与你喝几杯。"等小李换好骨碟，两位客人果真要比拼喝酒。当两人喝完一杯酒准备说话时，小李过来说："对不起，先生，给您倒酒。"两位客人不约而同地向两边闪，小李麻利地为两人斟满酒，两人又干了一杯，然后又凑在一起说话，小李又不失时机地上前说："对不起，先生，给您斟酒。"此时的年轻客人突然对着小李大声怒吼道："没看到我们正说着话吗？你烦不烦啊。"实习生小李一脸的茫然，不知道该怎么办才好。

评析

随着社会的不断进步、生活质量的提高，顾客对服务质量的要求也越来越高。大多数酒店的餐厅都制定了一系列的服务规程和规范来确保酒店服务质量，如大多数酒店的餐厅服务规程明确规定：当客人餐碟中的杂物超过1/3时必须及时撤换；当客人杯中酒水不足1/3时应及时添加到八分满；当桌上的烟灰缸里有两个烟蒂时必须更换等。这些规定对保证酒店的服务质量有一定的作用，但关键是酒店服务应以不打扰客人为原则，否则服务规程就显得毫无意义。有的酒店和服务员在执行规程的过程中，一味追求执行规程的规范性，忽视了酒店服务的基本原则，更加没有顾及到客人的个性需求和在一些特殊情况下服务的灵活性。

本案例中，小李严格按照酒店的服务规程为客人提供服务，最终却导致客人的怒吼，应该引起酒店从业人员的深思。不可否认，案例中的实习生小李的服务态度和服务礼仪、服务规范都做得不错，但她的错误就在于其服务非但没有给客人们带来舒适和享受，反而使客人生气。其实实习生小李在第一次换骨碟而听到客人的玩笑话中有话时，就应该注意到自己服务中的不足，在此后的斟酒服务时，应该等客人谈话告一段落后再倒酒，这样才能使客人满意。本案例说明，酒店在提供规范化服务的同时，应注意顾及客人的个性需要，服务员要灵活应变。

2.1.5 餐后结束工作

实训目的

通过对结账、收银、送客与收尾工作基础知识的讲解和相关操作技能的训练，使学生了解餐后结束工作的内容及服务标准，掌握相关服务的程序与标准，达到能准确而熟练地为宾客提供送客服务的能力。

实训方法

按照中餐零点餐后结束工作的服务方式、内容等设计模拟场景。首先由教师示范讲解,然后学生动手操作训练。在学生操作训练过程中,教师进行指导,学生反复强化训练,达到熟练掌握操作技能的目的。

实训准备

餐桌、餐椅、菜单、笔、结账单、现金、支票、信用卡、账单夹、食品盒、塑料袋等。

实训内容

① 结账与收银服务;
② 送客与收尾服务。

工作任务一:结账与收银服务

程序与操作标准

结账与收银服务的操作标准与要求见表2-12。

表2-12 结账与收银服务的操作标准与要求

操作程序	操作标准与要求
结账准备	① 在给客人上完菜后,服务员要到账台核对账单 ② 当客人要求结账时,请客人稍等,服务员立即去收银处,告诉收银员台号,取回账单并核对账单上的台号、人数、菜肴及酒水消费是否准确无误 ③ 将账单放入账单夹内,并确保账单夹打开时,账单正面朝向客人 ④ 准备好结账用笔
递交账单	将取回的账单夹在账单夹内,走到主人右侧,打开账单夹,右手持账单夹上端,左手托账单夹下端,递至主人面前,请主人检查,同时用手势将消费金额示意给客人
现金结账	① 客人支付现金时,服务员礼貌地在餐桌旁当面清点钱款 ② 请客人等候,将账单及现金交给收银员 ③ 核对收银员找回的零钱及账单联是否正确 ④ 服务员站在客人右侧,将账单上联及所找零钱夹在账单夹内送给客人 ⑤ 现金结账应注意唱收唱付 ⑥ 真诚感谢客人

续表

操作程序	操作标准与要求
支票结账	① 客人支票结账，应请客人出示身份证或工作证，然后将账单及支票、证件交给收银员 ② 收银员结账完毕后，记录证件号码及联系电话 ③ 服务员将账单第一联及支票存根核对后送还给客人，并真诚感谢客人。如客人使用密码支票，应请客人说出密码，并记录在一张纸上。结账后将账单第一联、支票存根、密码交给客人并真诚地感谢客人 ④ 客人使用旅行支票结账，服务员需礼貌地告诉客人到外币兑换处兑换成现金后结账
信用卡结账	① 如客人使用信用卡结账，服务员应将账单送给客人核对 ② 请客人跟随服务员到收银台划卡结账 ③ 收银员做好信用卡收据，服务员检查无误后，将收据、账单及信用卡交给客人，请客人在账单和信用卡收据上签字，并检查签字是否与信用卡上的一致 ④ 将账单第一页、信用卡收据和信用卡递还给客人 ⑤ 真诚感谢客人 ⑥ 将账单第二联及信用卡收据及另外三联送回收银处
签单结账	① 服务员在为住店客人送上账单的同时，应礼貌地要求客人出示房卡 ② 礼貌地示意客人写清房号，用楷书签名 ③ 客人签好账单后，服务员将账单重新夹在账单夹内 ④ 真诚地感谢客人 ⑤ 迅速将账单送交收银员，以查询客人的名字与房间号码是否相符
宾客意见卡	若客人结账后不急于离开餐厅，应礼貌地请客人填写宾客意见卡，并表示感谢

要点提示

① 注意结账的时机，不可催促客人。
② 客人要求结账时，不要让客人等待时间过长。
③ 注意结账时应由谁付款。
④ 注意服务态度，要将好的态度一直延续到客人离开餐厅。

相关知识

1. 贵宾意见卡

贵宾意见卡是客人对酒店整体印象的评价，内容包括环境、服务、菜肴质量等几个方面。客人的评价能促使酒店改善环境、提高服务质量、改进菜肴质量等，增加酒店客源的稳定性，提高酒店的效益。客人向酒店提出意见和建议，不是在找酒店的茬、给员工难看，而是酒店提高服务质量与管理水平的良丹妙药。

2. 结账服务注意事项

① 只有当客人示意服务员结账时，服务员才能将账单交给客人。不得在客人没要求结账时将账单交与客人。

② 要核对账单上所列的各个项目与价格是否正确。

③ 将账单放入账单夹内，从客人右侧将打开的账单夹呈递给客人，确保账单夹打开时账单正面朝向客人。要随身准备好结账用笔。

④ 客人付现金时，服务员应在餐桌旁点清现金数目。

⑤ 客人付旅行支票结账，服务员需礼貌地告诉客人到外币兑换处兑换成现金后再结账。如客人使用私人支票，服务员需礼貌地让客人将金额总数及姓名在支票上签好，并要求客人留下名片或联系地址。

⑥ 客人付转账支票，应将支票与账单一起交与收银员处理，并将处理完毕的账单上联和发票一起交与客人。

⑦ 结账完毕，要向客人致谢。

⑧ 抓住机会了解顾客对菜肴、服务等是否满意。

工作任务二：送客与收尾服务

程序与操作标准

1. 食品打包

食品打包的操作标准与要求见表 2-13。

表 2-13 食品打包的操作标准与要求

操作程序	操作标准与要求
准备	① 当客人提出将剩余食品打包带走时，服务员应立即将食品撤下，并告诉客人打包需要的时间 ② 准备好相应的食品盒，并准备带有店徽的塑料袋、丝带
包装	将食品分类装入食品盒内
展示	① 服务员用托盘将食品盒送到客人右侧，请客人查看，并告诉客人分别包装的食品名称 ② 经客人允许后将食品放到服务柜上

续表

操作程序	操作标准与要求
食品盒的包装	① 服务员在服务柜上盖好食品盒盖，并用丝带十字交叉包装食品盒，打好蝴蝶结，将蝴蝶结的两尾剪成燕尾状 ② 将食品盒及食品袋递给客人，请客人过目后将食品盒装入食品袋中，递给客人

2. 送客服务

送客服务的操作标准与要求见表2-14。

表2-14 送客服务的操作标准与要求

操作程序	操作标准与要求
协助客人离开座位	① 客人起身准备离开时，服务员上前为客人拉椅 ② 客人起身后，向客人致谢并提醒客人携带好随身物品
礼貌与客人道别	礼貌与客人道别，并向客人表示感谢，诚恳欢迎客人再次光临
送客人离开餐厅	① 走在客人侧前方，将客人送至餐厅门口 ② 当客人走出餐厅门口，迎宾员或餐厅经理再次向客人致谢、道别 ③ 迎宾员应帮助客人叫电梯，当电梯到达后，送客人进入电梯，目送客人离开 ④ 正门直接有车道的餐厅，迎宾员要帮助客人叫出租车，为客人开车门，目送客人离开。雨天要为客人打伞
检查餐厅	① 客人离开餐厅，服务员要立刻返回服务区域，再次检查是否有客人遗留物品 ② 如有遗留物品，应尽快交还给客人。如客人已经离开，要向餐厅经理汇报并做记录，然后将物品交与大堂副理处

3. 撤台与收尾服务

撤台与收尾服务的操作标准与要求见表2-15。

表2-15 撤台与收尾服务的操作标准与要求

操作程序	操作标准与要求
撤台要求	① 零点撤台需在该桌客人离开餐厅后进行 ② 撤收餐具要轻拿轻放，尽量不要发生碰撞声响 ③ 撤餐具要为下道工序创造条件，叠放碗时应大碗在下，小碗在上 ④ 撤收餐具时，要把剩有汤或菜的餐具集中起来放置

续表

操作程序	操作标准与要求
撤台	① 按摆台规范对齐餐椅 ② 将桌上的花瓶、调味瓶和台号牌收到托盘上,暂放于服务桌上 ③ 用托盘撤收桌面上的餐具,并送至管事部。撤收顺序为:银器、餐巾、玻璃器皿、瓷器、餐具等 ④ 桌面清理完后,立即更换台布 ⑤ 用干净布巾把花瓶、调味瓶和台号牌擦干净后按摆台规范摆上桌面 ⑥ 使用转盘的餐桌,需先取下已用过的转盘罩及转盘,然后更换台布,再摆好转盘,套上干净的转盘罩
减少灯光	① 当营业结束、客人离开后,服务员开始厅面的清场工作 ② 关掉大部分的照明灯,只留适应的灯光供清场用
撤器皿、收布草	① 先清理桌面,再撤走服务桌上所有器皿,送至管事部清洗 ② 将布草分类清点后送备餐间
清洁	① 清洁四周护墙及地面,地毯吸尘 ② 如地毯有污渍,通知公卫部清洗
落实安全措施	① 关闭水闸、切断电源 ② 除员工出入口以外,锁好所有门窗 ③ 当班负责人做完最后的安全检查后,填写《班后安全检查表》 ④ 落实厅面各项安全防患工作,锁好员工出入口后方可离岗

要点提示

① 客人离开餐厅,服务员要提醒客人不要遗忘随身携带的物品。
② 收餐具时,要分类撤收,轻拿轻放,按照先撤玻璃器皿、再撤瓷器的原则进行。
③ 当天的收尾工作当天完成,不将工作放到第二天。

相关知识

1. 送客服务

酒店服务中有一个众人皆知的公式,即"100-1=0",但现在很多餐厅只重视迎接客人,却很少注意送别客人。在实际接待服务中,送客服务工作是非常关键的。因为客人在消费后,如果走时没有人送或没人理会,就会有一种失落感,可能下次就不会再光顾了。另外,客人消费后可能会有很多好的意见和建议,如果在送客时得到了及时地反馈，对酒店来说是相当宝贵的信息。所以，做好送客服务是优质服务的最好体现。

2. 收尾工作

待一桌客人全部离开餐厅后，要在不影响其他客人就餐的前提下收拾餐具、整理餐桌，并重新摆台。这项工作往往是在其他客人仍在用餐或已经有客人在等待餐桌的情况下进行的，所以要注意以下要点。

① 在5分钟内清理完毕餐桌并及时摆台。

② 清桌时应注意文明操作，保持动作沉稳，不要损坏餐具物品，也不要惊扰正在用餐的客人。

③ 清桌时要注意周围环境卫生，不要将餐巾纸、杂物、残汤剩菜等乱撒乱扔。

礼貌送客

一个深秋的晚上，三位客人在南方某城市一家饭店的中餐厅用餐。他们在用餐两个多小时后却仍没有离开的意思。服务员小王心里很着急，到他们身边站了好几次，想催他们赶快结账，但一直没有说出口。最后，她终于忍不住对客人说："先生，能不能赶快结账？你们如想继续聊天，请到酒吧或咖啡厅去。"

"什么！你想赶我们走，我们现在还不想结账呢。"一位客人听了她的话非常生气，表示不愿离开。另一位客人看了看表，连忙劝同伴结账。那位生气的客人没好气地让服务员把账单拿过来。看过账单，他指出有一道菜没点过但却算进了账单，请服务员去更正。小王回答客人："账单肯定没错，菜已经上过了。"客人却说："我们根本没有要这道菜"。小王仔细回忆了一下，觉得可能是自己错了，忙到收银员那里去改账单。

当她把改过的账单交给客人时，客人对她讲："餐费我可以付，但你的服务态度却让我们不能接受，请你马上把餐厅经理叫过来。"小王听了客人的话感到非常委屈，认为自己在客人点菜和进餐的服务过程中并没有什么过错，只是想催客人早一些结账而已。

"先生，如果我在服务中有什么过错的话，我向你们道歉，还是不要找我们经理吧。"小王用恳求的口气说道。

"不行，我们就是要找你们经理。"客人并不妥协。

小王见事情无可挽回，只好将餐厅经理找来。客人告诉经理，他们对服务员催促他们结账的做法很生气。另外，服务员把费用多算了，这些都说明服务员的工作态度有问题。

"这的确是我们工作上的失误，我向大家表示歉意。几位先生愿意什么时候结账都行,结完账也欢迎你们继续在这里休息。"经理边说边让服务员赶快给客人倒茶。

在经理和服务员的一再道歉下,客人终于不再说什么了。他们付了钱,仍面含余怒地离开了餐厅。

评析

送客服务是礼貌服务的具体体现,是餐饮服务中不可或缺的项目。在送客的过程中,服务员应做到礼貌、耐心、细致、周全,使客人满意。其服务要点如下。

① 绝不能有催促客人离开餐厅的语言与举动。

② 客人离开时,如愿意将剩余食品打包带走,服务员应积极为之服务。

③ 宾客起身离开时,应主动为其拉开座椅,礼貌地询问他们对菜肴、服务等是否满意。

④ 要帮助客人穿戴外衣、提携物品,提醒他们不要遗忘物品。

⑤ 要面带微笑地注视客人离开,或亲自陪送客人到餐厅门口。

⑥ 迎宾员应礼貌地欢送客人,礼貌地向客人道谢,并欢迎他们再次光临。

⑦ 遇特殊天气,应有专人安排客人离店,如亲自将客人送到饭店门口、下雨时为没带雨具的客人打伞、帮客人叫出租车等,直至客人安全离开。

2.2 中餐宴会服务

2.2.1 中餐宴会预订

实 训目的

通过对宴会预订服务基础知识的讲解和宴会预订服务操作技能的训练,使学生了解中餐宴会预订的方式和内容,掌握预订的程序和服务标准,达到具备熟练、准确地为客人预订的服务能力。

实 训方法

按照中餐宴会预订的方式、内容设计模拟场景。首先由教师示范讲解,然后学生动手操作训练。在学生操作训练过程中,教师进行指导,学生反复强化训练,达到熟练掌握操作技能的目的。

实训准备

电话、预订登记表、餐厅台图、笔、本、菜单、餐桌、餐椅。

程序与操作标准

中餐宴会预订的操作标准与要求见表2-16。

表2-16 中餐宴会预订的操作标准与要求

操作程序	操作标准与要求
准备工作	① 按照酒店规定着装，准时上班 ② 参加班前例会 ③ 查看交接班记录，处理未尽事宜 ④ 查看宴会更改通知单并迅速发至各营业点 ⑤ 核对宴会记录，送宴会通知单至各餐厅、厨房、酒吧、行政办、大堂、前台问讯处、客房及总吧台
问候客人	① 以规范的礼貌用语问候客人，并自报部门 ② 如是电话预订，要求在电话铃响三声之内拿起电话 ③ 无论客人来店当面预订还是电话预订，都应亲切地给客人介绍情况，回答客人提出的问题
接待介绍	① 向客人介绍酒店特色，如菜系、价格、服务设施、等级标准及收费项目等 ② 耐心倾听客人提出的问题，根据客人提问进行介绍，当好客人的参谋。不能说"不知道"、"不行"、"没有"等。如当即回答的确有困难，应马上向客人道歉，并设法在10分钟内弄清楚并告知客人 ③ 对当面预订的客人，除口头介绍外，还应提供菜单，陪同客人实地考察等
受理预订	① 详细了解客人的单位名称、宴会目的、用餐时间、出席人数、宴会性质、宴会标准、联系电话等信息 ② 订餐洽谈和签约时，要明确宴会承办的细节，带领客人参观宴会厅，了解客人的特殊要求 ③ 客人订餐时要避免催促，给订餐者充足的考虑时间 ④ 向客人提供宴会活动布置平面图、菜单、预算单等
确认预订	① 客人无其他要求后，礼貌地将预订情况向客人复述一遍，以便核对 ② 详细填制宴会预订单，请客人签字。不论是中文还是外文的订单，书写都必须规范、清楚 ③ 客户预订大型宴会时，应送交销售部经理或餐饮部经理签发宴会确认书，再交客户签字确认 ④ 向预订客人收取10%的预订金，并开出收据

续表

操作程序	操作标准与要求
致谢送客	礼貌地向客人致谢,并将客人送至电梯口或门口
发出通知	① 预订确认后应开出预订单,发至相关部门做好餐前准备 ② 将客人的特殊要求通知餐厅主管和厨师长 ③ 对当日未确认的预订,要求再次主动与客人联系、确认
更改预订	处理临时更改通知单,及时通知有关部门
交接班	与下一班员工交接,安排好未尽事宜与注意事项,填写当班日记

要点提示

① 接受宴会预订时,要提前要求客人订好菜单。
② 确认预订桌数,以便采购部和厨房提前做好相应准备。
③ 接受宴会预订时,一般要向客人收取一定的预订金作为保证。
④ 预订成功后要将相关事项通知酒店所有相关部门,以便各部门做好准备。

相关知识

1. 宴会预订方式

① 面谈预订;
② 电话预订;
③ 电传预订;
④ 网上预订;
⑤ 政府指令性预订。

2. 宴会预订的内容

① 客人预订的用餐日期及时间;
② 宴会举办单位或个人;
③ 客人用餐人数及标准(人均消费、每席价格、总消费额);
④ 宴会主办单位联系人的姓名、单位、联系电话及传真号码;
⑤ 宴会类型;
⑥ 付款方式;

⑦ 预订金额；
⑧ 宴会菜单；
⑨ 酒店宴会预订人员；
⑩ 接受预订的日期和预订员签字；
⑪ 酒店的有关规定与要求或客人的特殊要求；
⑫ 宴会的主题；
⑬ 预订宴会的场地；
⑭ 宴会预订单编号；
⑮ 宴会酒水要求；
⑯ 宴会布置要求；
⑰ 预订登记表。

3. 宴会预订单

宴会预订单如表 2-17 所示。

表 2-17　宴会预订单

经手人：
落订日期：
落实日期：

公司名称：	宴会服务要求：
接洽者姓名：	场地布置：
职位：	台型：
电话：　　　　电传：	主桌型：
宴会形式：	场地图：
日期：	音响设备：
抵达时间：	鲜花：
宴会开始时间：	衣帽间：
宴会完结时间：	休息室：
地点：	
保证人数：	
预算人数：	其他：

菜肴：	价格	每位	每席
酒水：	价格	每位	每席

杂项收费：
预计总消费金额：

续表

预订付款方式：	已收订金：
寄账单地址：	
确认签字：	
宴会预订部主管意见：	
宴会部经理意见：	

附：菜单、酒水订单
发送部门：前台　总机　公关部　酒吧　餐饮部　总经办　宴会厅　保安部　厨房　财务部　采购部　工程部

4. 宴会预订合同

对于大型宴会和高档宴会，必须与客人签订合同，合同中要明确双方的权利和义务，所有经双方同意的特殊项目亦要记入合同。签完合同后，通常应收取一定比例的预付金，如举办者临时取消宴会，酒店则根据合同规定将全部预付金或部分预付金退还客人。收取预付金及退还预付金的数目各酒店不完全相同，一般由酒店根据具体情况确定。

2.2.2 餐前准备

实训目的

通过对餐前准备基础知识的讲解和餐前准备操作技能的训练，使学生了解餐前准备的重要性，以及餐前准备的内容，掌握餐前准备的操作程序与标准，为接下来的服务工作打下良好的基础。

实训方法

该内容同"中餐零点餐前准备"的内容。

实训准备

该内容同"中餐零点餐前准备"的内容。

实训内容

该内容同"中餐零点餐前准备"的内容。
① 班前会；
② 摆台；
③ 宴会厅卫生准备；
④ 备餐柜准备；
⑤ 设备检查；
⑥ 检查预订准备情况。

程序与操作标准

检查预订准备的操作标准及要求见表2-18。

表2-18 检查预订准备的操作标准与要求

操作程序	操作标准与要求
个人准备	按照酒店规定着装，化淡妆，准时到岗
班前会	内容同2.1.2节
准备工作	① 根据宴会类别、档次布置宴会厅，摆好餐台 ② 熟悉菜单，选配器皿用具，备足备用餐具并逐项检查，保证清洁、光亮、无破损 ③ 备足酒水、饮料并摆放到位 ④ 按照标准配备相应数量的服务用具并按规定摆放在工作台上 ⑤ 做好各自工作区域的卫生 ⑥ 检查宴会厅设施的运转情况，宴会前开启空调，使宴会厅温度适宜。大型宴会厅提前30分钟开启，小型宴会厅提前15分钟开启；提前30分钟开启宴会厅所有的照明灯光
检查	① 自查个人仪表，重要宴会需戴白手套，复查餐台物品摆放是否符合要求 ② 接受领导检查 （以上工作应在开餐前半小时完成）
开餐准备	① 宴会开始前15分钟，值台员与传菜员相互配合，按要求上好凉菜。上凉菜时应按颜色深浅、荤素搭配的原则，均匀地摆放在转台上 ② 宴会开餐前5分钟，按要求斟上红酒和白酒 ③ 准备好开水及消毒湿巾和餐巾纸 ④ 在开餐前10分钟，按规定位置面向门口站好

要点提示

① 宴会服务可分为4个环节,即准备工作、迎宾服务、就餐服务、结束工作。
② 宴会服务人员需做到"八知三了解"。
"八知":知主人身份或主办单位,知宴会标准,知开餐时间,知菜式品种,知宴客国籍,知邀请对象,知烟、糖、酒、饮,知结账方式。
"三了解":了解宾客风俗习惯,了解生活忌讳,了解特殊要求。
③ 所有准备工作应在宴会开始前全部就绪。
宴会服务人员应按宴会要求布置场地,如摆放花篮、横幅、水牌等;按照宴会要求准备好餐具、酒水、饮料;检查餐具是否整洁,有无破损,桌椅是否整洁,地面清洁等;宴会开餐前30分钟领取酒水、上桌,提前15分钟上凉菜。

相关知识

中餐宴会通常8～12人一桌。对于两桌(含两桌)以上的宴会,要确定桌次,其具体原则如下。

(1) 以"右"为上
当餐桌分为左右时,以面门为据,居右之桌为上(如图2-1所示)。
(2) 以"远"为上
当餐桌距离餐厅正门有远近之分时,以距门远者为上(如图2-2所示)。

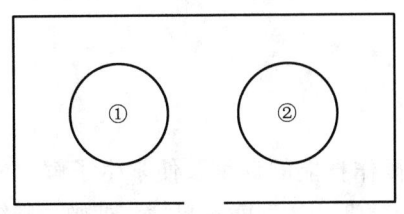

图2-1 以"右"为上示意图

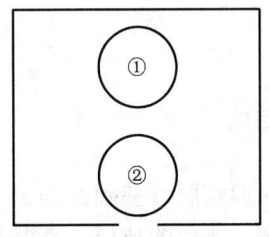

图2-2 以"远"为上示意图

(3) 居"中"为上
多张餐桌并列时,以居于中央者为上(如图2-3所示)。
(4) 桌次较多时
在桌次较多的情况下,上述排列常规往往交叉使用(如图2-4所示)。

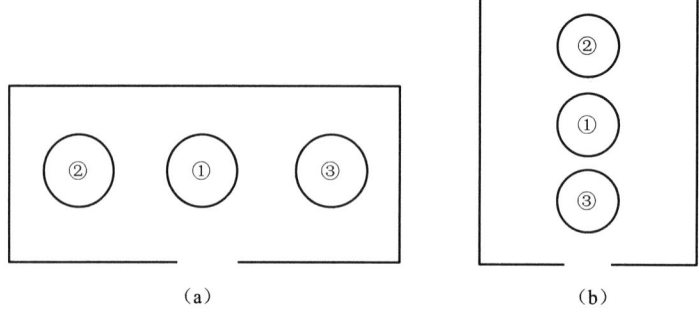

图 2-3 居"中"为上示意图

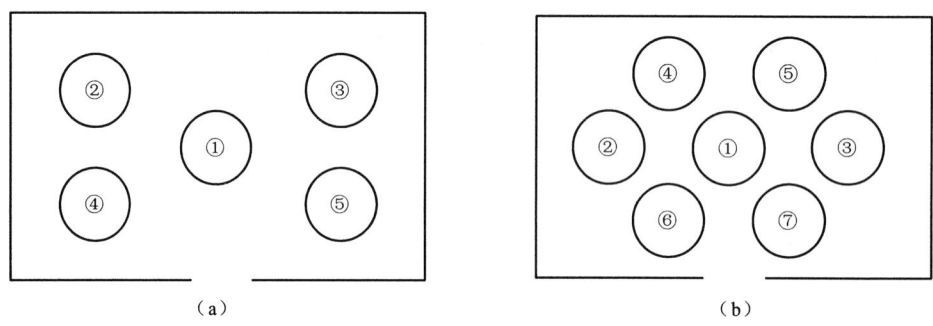

图 2-4 桌次较多时的规则示意图

2.2.3 迎宾服务

实训目的

通过对迎宾服务基础知识的讲解和迎宾服务操作技能的训练,使学生了解引领客人、安排客人座位的技巧,掌握迎宾服务的过程与标准,达到能够热情、准确、熟练迎接客人的能力。

实训方法

按照中餐宴会服务的方式、内容等设计场景。首先由教师示范讲解,然后学生动手操作训练。在学生操作训练的过程中,教师进行指导,学生反复强化训练,达到熟练掌握该项操作技能的目的。

实训准备

记录本、笔、菜单、餐桌、餐椅、衣架等。

实训内容

① 迎宾服务；
② 安排客人入座。

程序与操作标准

迎宾服务的操作标准与要求见表 2-19。

表 2-19　迎宾服务的操作标准与要求

操作程序	操作标准与要求
准备工作	① 按照酒店规定着装，准时到岗 ② 参加班前会 ③ 查看交接班记录，处理未尽事宜
接听电话	按照标准接听电话，提供信息，解答疑问
迎宾准备	根据宴会的入场时间，提前在宴会厅门口迎候宾客，表情自然、热情，眼光平视前方
主动问候	客人到达时，要面带微笑，主动问候客人
热情迎宾	将客人引领到休息室休息或直接带到指定的宴会厅
介绍答疑	介绍宴会厅的菜点、服务项目、设施，回答客人问题
接挂衣帽	① 规模较小的宴会，可将客人脱下的衣帽挂在宴会厅门口的衣帽架上，并提醒服务员照看 ② 规模较大的宴会，通常设有衣帽间，可将其存放在衣帽间内 ③ 服务员接挂衣帽时应握住衣领，切勿倒提，以防物品倒出 ④ 贵重衣帽要用衣架，以防衣服走样。贵重物品请客人自己保管
拉椅让座	为客人拉椅让座，介绍宴会厅内值台服务员并做好交接工作
订花服务	为宴会重要客人预订鲜花
茶水服务	按服务规范为客人提供茶水服务

2.2.4 就餐服务

实训目的

通过对宴会就餐服务基础知识的讲解和就餐服务操作技能的训练,使学生了解就餐服务中为客人提供开餐服务、酒水服务、就餐服务、水果服务及茶水服务的基本要领,掌握宴会就餐服务的程序与标准,达到能够为客人提供满意、熟练而准确的就餐服务的能力。

实训方法

按照中餐宴会就餐服务的方式、内容等设计模拟场景。首先由教师示范讲解,然后学生动手操作训练,按照角色扮演法进行就餐服务模拟训练。在学生操作训练过程中,教师进行指导,学生反复强化训练,达到熟练掌握操作技能的目的。

实训准备

餐桌、餐椅、菜单、笔、点菜记录单。

实训内容

① 开餐服务;
② 酒水服务;
③ 就餐服务;
④ 水果服务;
⑤ 茶水服务。

程序与操作标准

就餐服务的操作标准与要求见表 2-20。

表 2-20　就餐服务的操作标准与要求

操作程序	操作标准与要求
开餐服务	① 宴请人数如有增减，应使用托盘增撤餐具和菜肴，同时通知厨房增减菜肴数量 ② 撤花瓶、席位卡，从客人右侧为客人打开餐巾并铺好，撤去筷套 ③ 从主宾右侧，按顺时针方向撤去冷菜的保鲜膜（用服务夹操作） ④ 征询客人饮用何种茶水，将茶水准备好后，依照先长后幼、先女后男的次序进行斟倒，斟倒的茶水以七八分满为宜 ⑤ 茶水斟倒完毕后，需向壶内重新注满开水，并将茶壶放回台面，注意不要将壶嘴朝向客人 ⑥ 如是吸烟餐厅，应主动为客人点烟
酒水服务	① 依据操作方法和服务顺序，在征询客人的意见后，用右手在客人右后侧为客人斟倒酒水。一般斟八分满为宜。斟白酒和红酒时，应先斟红酒，后斟白酒 ② 客人表示不需要某种酒时，应将空酒杯撤走 ③ 斟酒水从主宾开始，按顺时针方向进行，并遵循先主宾后主人、先女宾后男宾的原则逐位斟倒。随时注意宾客杯中的酒水，当剩余1/3时，应及时斟满 ④ 如遇主宾致词，服务员应立即停止服务，保持场内安静。主人讲话即将结束时，服务员要把主人的酒杯送上，供主人祝酒。大型宴会主宾致词时，服务员应用托盘备好一至二杯甜酒，在致词结束需要敬酒时送上。主人离位给来宾敬酒时，服务员应托酒，跟随主人身后，及时给主人或来宾续酒 ⑤ 当客人起立干杯或敬酒时，应帮助客人拉椅。客人就座时，再把椅子向前推，要注意客人的安全
就餐时的服务	① 征询客人意见后将茶杯撤下，准备开餐 ② 严格遵循中餐上菜顺序上菜，热菜要热，冷菜要冷，不同烹饪方法的菜要用不同的餐具。大型宴会或重要宴会要服从专人指挥，以免造成早上、迟上、漏上，影响宴会效果 ③ 上菜位置在陪同和翻译之间或副主人右边，以不打扰客人为原则；严禁从主人和主宾之间上菜 ④ 多桌宴会时，正菜应以主桌为准，先上主桌，再按照桌号依次上菜；绝不可主次颠倒 ⑤ 热菜一定要在冷菜进食一半左右开始上 ⑥ 展示菜肴并报出菜名 ⑦ 摆放菜肴时，应将观赏面或优质部位正对主位。注意成对摆放，荤素搭配摆放 ⑧ 上完甜食点心后，撤走调味碟、勺子、筷子、筷架、毛巾碟，送上茶水，并把牙签盅移至转台上 ⑨ 宴会期间，根据客人要求，上菜不可太快或太慢，一般宴会时间把握在1.5～2小时之间 ⑩ 及时给客人更换烟灰缸及餐碟 ⑪ 如有急事或电话需要找客人，应与宴会主办单位负责人联系

续表

操作程序	操作标准与要求
水果服务	① 上水果前，应将台面清理干净 ② 根据不同的水果，为客人提供水果刀和水果叉 ③ 当客人进食完水果后从客人右侧将水果盘、垫碟、水果一起撤下 ④ 用完水果后，擦净转台，重新摆上鲜花，以示宴会结束
茶水服务	① 为客人摆上茶杯，然后在客人右侧为其斟倒茶水 ② 为客人上第三道小毛巾

宴会注意事项

① 客人敬酒时，注意观察杯中是否有酒。
② 客人取烟，主动为其点烟，并准备一个烟灰缸。
③ 客人离席，主动拉椅，餐巾叠好放于餐位旁。
④ 客人上洗手间归来后，为其更换毛巾。
⑤ 两个服务员不能同时在客人两边为客人服务，以免令其为难。
⑥ 客人挡住去路应礼貌地说："请让一下，谢谢。"不能粗鲁地越过客人或挤过去。
⑦ 服务员之间要配合默契，当需要离开时，应给旁边的服务员打招呼，服务不能出现空挡。
⑧ 席间客人感到不适，应立即向上级汇报，并将食物保存留待化验。
⑨ 宴会服务过程中要时刻保持服务通道的畅通，以免发生意外。

1. 递、收毛巾的时机

① 客到时递巾；
② 上第一道菜时；
③ 上需要用手捻食的菜后；
④ 上甜品后；
⑤ 客人离席归来时；
⑥ 用过的毛巾要及时收回，以免弄湿台布。

2. 撤换餐具、烟灰缸的时机

① 席间撤换餐具应严格按照"右上右撤"的原则,不能跨越递撤。
② 分菜服务时,撤换骨碟应尽可能等到所有的客人吃完才撤。
③ 撤换餐具、烟灰缸时要严格按照操作技能的要求进行。

3. 宴会服务细节要求

① 客人离席或敬酒时,应主动拉椅,并将客人的口布叠成小三角形放于餐位边。
② 如果有两个服务员同时为一桌客人服务,不应在客人的左右同时服务,以免令客人左右为难,应讲究服务的次序。
③ 动作不要过于求快。将物品堆积于工作台而疏于清理不利于提高工作效率,应及时收走客人用过的餐具。
④ 用托盘撤收的餐具,如是有骨头的,每次撤骨碟时,应先将骨头倒在一骨碟上,其他骨碟方可叠起,否则很容易因倾斜面跌落。撤收餐具时,无论客人碟里是否有剩菜,均应示意后再收。
⑤ 如客人挡住去路或妨碍服务员的工作时,应礼貌地说:"请让一让,谢谢。"不能粗鲁地越过客人取物或从客人身边挤过。
⑥ 上菜报菜名时,声音要适度,以客人听清为宜。
⑦ 分鸡、鱼等不能只分一部位给客人,要均匀搭料。一次分不完的菜或汤,要主动分让第二次。分完菜或汤后,应将菜递到客人面前,并做手势示意客人请用。
⑧ 分完一道菜后,应抓紧时间做斟酒、换烟灰缸、收拾工作台等工作,不能一味站着等下一道菜。
⑨ 服务员之间要配合默契,要有团队意识。

2.2.5 餐后结束工作

实训目的

通过对结账、送客与收尾工作基础知识的讲解和相关操作技能的训练,使学生了解中餐宴会餐后结束工作的内容及服务标准,掌握相关服务的程序与标准,达到能够准确而熟练地为宾客提供送客服务的能力。

实训方法

按照中餐宴会餐后结束工作的服务方式、内容等设计模拟场景。首先由教师示范讲解,然后学生动手操作训练。在学生操作训练过程中,教师进行指导,学生反复强化训练,达到熟练掌握操作技能的目的。

实训准备

餐桌、餐椅、笔、结账单、现金、支票、信用卡、账单夹、食品盒、塑料袋等。

实训内容

① 结账;
② 打包;
③ 送客;
④ 收台检查。

程序与操作标准

餐后结束工作的操作标准与要求见表 2-21。

表 2-21 餐后结束工作的操作标准与要求

操作程序	操作标准与要求
结账	① 清点酒水、香烟、水果,核对宴会人数、标准以及菜单外的额外费用,将陪同等的工作餐及时通知收银台 ② 如是单位宴请,签单时核对签单人的单位工作证,然后将账单交与收银员 ③ 现金、支票、信用卡等结账方式的标准及要求参见"2.1.5 餐后结束工作"
打包	打包服务的标准、要求等参见"2.1.5 餐后结束工作"
送客	送客服务的标准、要求等参见"2.1.5 餐后结束工作"
收台检查	收台检查的标准、要求参见"2.1.5 餐后结束工作"

相关知识

宴会成功的关键

宴会设计是指酒店宴会部受理客人的宴会预订后,根据宴会规格要求,编制出宴会组织实施计划的书面材料,包括从宴会准备到宴会结束全过程中组织管理的内容和程序。

在受理客人预订时,应向客人了解所有同宴会有关的要求,如举行宴会的日期、参加宴会的人数、宴会的形式、每人消费标准以及所需提供的额外服务和物品、客人特殊要求等。如果客人决定预订,应将这些信息直接记入宴会登记本;对未确定的宴会,要与举办者保持联系,了解有关进展情况。对已预订宴会的举办者同样需要保持联系,以便及时了解人数、日期的变更。如果客人取消预订,则应了解取消的原因。

对于大型宴会和高档宴会,必须与客人签订合同,合同中要明确双方的权利和义务,所有经双方同意的特殊项目亦要记入合同。签完合同后,通常应收取一定比例的预付金,假如举办者临时取消宴会,则根据合同规定将全部预付金或部分预付金退还给客人。收取预付金及退还预付金的数目各酒店不同,一般由酒店根据情况确定。

接受宴会预订后,宴会部应根据宴会的人数、要求、标准做好准备工作,并以"宴会通知单"和接待服务程序的形式通知有关部门。宴会通知单是安排厨房工作人员和服务人员的工作依据,有些规定很细致的合同复印件也可作为宴会通知单使用。对于大型的宴会和高规格的宴会,还应画出宴会场地安排图,并在宴会前召集所有的宴会服务人员和厨师长开会,介绍宴会的程序,安排工作任务,使所有的工作人员都了解相关的工作细则,包括特殊菜肴的制作过程和上菜程序等。这样,可以防止宴会服务过程中出现手忙脚乱的情况,确保宴会有条不紊地进行。各项准备工作完成后,宴会部经理应逐项检查,及时发现和纠正问题。

对于大型宴会,上菜的时间要听从宴会负责人的统一安排,以免错上、漏上或造成各桌进餐的速度不一致的现象。上菜的速度与节奏必须要掌握好,太快会显得仓促忙乱,客人享受不到品尝的乐趣,太慢可能使宴会中断,造成尴尬的局面。服务员每上一道菜都应介绍菜式的名称和烹调方法,有些特殊的菜肴应介绍食用的方法。在介绍前,将菜摆放在转盘上展示其造型,使客人领略到菜肴的色香味形,边介绍边转动转盘,使所有的客人都能看清楚。

宴会结束后,宴会负责人应以文字的形式征询客人的意见,以加深经营者与客户之间的感情,为进一步合作奠定基础。通过客人的负面反馈可以了解需要改进的地方,而正面反馈则可增强信心。

宴会部门还应每月统计一份详细的营业报表或业务跟踪情况表,以便分析宴会的收入和成本，以作为宴会的预算依据。

案例分析

传错的菜

某酒店宴会部二、三楼分别接待了两个规模及标准较高的婚宴。当时由于人手紧张，宴会部申请从酒店各部门调配人手。各部门人员到位后，都集中安排至备餐间进行传菜工作。在传菜过程中，一名保安因没听清楚传菜要求，误将三楼的"湘辣霸王肘"传送至二楼，导致二楼多上一道菜，三楼由于菜肴在时间上耽搁而导致菜上得慢，最后客人有意见。

事件发生后，由于经理及时采取了有效措施，没有造成客人更大的投诉，但给部门带来了一定的损失。宴会结束后，经理当即召开紧急会议，对事件进行了细致的分析，要求当事人写出书面经过，并对相关人员进行了严厉的批评及处罚，要求在以后的工作当中杜绝类似事件的发生。

评析

此事件属服务员及管理人员工作责任心不强、工作不仔细造成的。

① 备餐间主管及领班应在班前会上将传菜的要求准确地传达给外来帮忙的员工。

② 楼面服务员在上菜过程中，应仔细地核对菜单。

③ 宴会厅管理人员应在宏观上把握上菜的程序及要求。

第3章 西餐服务

3.1 西餐零点服务

3.1.1 餐前准备

实训目的

通过对餐前准备基础知识讲解和餐前准备操作技能的训练,使学生能意识到餐前准备工作的重要性,了解西餐服务餐前准备工作的内容,掌握餐前准备的操作程序与标准,为接下来的服务工作打下良好的基础。

实训方法

首先由教师示范讲解,然后学生动手操作训练。在学生操作训练过程中,教师进行指导,学生反复强化训练,达到熟练掌握操作技能的目的。

实训准备

设备:西餐餐台、餐椅、服务台。
餐具:主餐刀、主餐叉、扒刀、鱼刀、鱼叉、甜品刀、甜品叉、面包盘、黄油刀、甜品勺、汤勺、茶勺、苏打勺。
酒具:红葡萄酒杯、白葡萄酒杯、水杯。
用具:酒篮、冰桶、柠檬夹、水壶、调酒架、台布、餐巾、菜单、酒水单。

实训内容

① 西餐摆台（详见第1章）；
② 服务台的准备工作；
③ 检查设备设施及卫生；
④ 召开班前会。

工作任务一：铺台布及摆台

目前，许多酒店的西餐厅在摆台时已逐渐避免使用台布，而以餐垫来代替，将餐具摆放在餐垫上既能保持卫生又方便服务，提高服务效率。

但是，仍有一些高档的西餐厅还是使用传统的铺台布的方法。怎样铺好台布，是餐厅餐前准备工作的一部分，铺台布的程序和方法详见1.4.1节。

餐前准备工作的一项重要工作是摆台，摆台的操作程序与标准详见1.4.3节。

工作任务二：服务台的准备

程序与操作标准

服务台的准备的操作标准与要求见表3-1。

表3-1　服务台的准备的操作标准与要求

操作程序	操作标准与要求
清洁服务台	① 服务员应在每日开餐前及时清洁服务台 ② 服务台的拉柜和抽屉内需事先垫上干净的报废布巾 ③ 服务台表面应擦拭光洁，无污渍、无水印和指印
用具及餐具摆放	① 各种服务用具应分类摆放，其中使用频繁的用具应放于明显、易取的位置 ② 餐具应分类摆放在抽屉内 ③ 要求摆放整齐 ④ 操作时应注意轻拿轻放各种用具餐具
整理服务台	① 用具每次使用完毕后必须放归原位 ② 随手关闭抽屉和拉柜门，注意轻开轻关 ③ 服务台各处不允许存放与服务无关的用品

要点提示

① 西餐厅常见的服务台为带有抽屉的推拉柜,抽屉中通常摆放刀叉、牙签、火柴、吸管、餐巾纸等常用和零星用具;柜中则摆放瓷器、水杯等较重或较大件的物品。
② 服务台内外要保持卫生、干净、整齐,服务台的服务用具和餐具应分类摆放。
③ 服务台抽屉和拉柜门使用完毕后必须随手关闭。
④ 服务台内各种用具和餐具及调味品应在开餐前按照相应的数量及时补充完整。
⑤ 服务台抽屉和拉柜中的布巾应定期更换,餐厅应将此项工作列入计划卫生当中。
⑥ 服务台各处不允许存放与服务无关的用品。

相关知识

服务台是西餐厅上菜和撤餐的中转站,从厨房出品的菜式,如果需要上汁酱的就要在服务台上停留;客人用完餐后的餐具通常也会暂时放置在服务台上,待服务员送入洗碗间内。服务台的设置不仅为服务员的服务提供了方便,也为创造快捷的服务提供了条件。否则,服务员必须在客人有需要时,一次次离开餐厅,这样既浪费时间又浪费人力,同时客人有需要时在短时间内还无法找到服务员,势必会大大影响服务质量。

服务台还是西餐厅和仓库的中转站。餐厅服务员在服务过程中所需使用的所有服务用具、客人需要的餐具都要在服务台上有充足的准备。客人用餐完毕时,要有全套的摆台用具替换,只有这样,才能为客人提供最有效、最快捷的服务。

服务台所需要准备的餐具和用具如下。

(1) 所有必须用到的刀、叉、勺

包括主餐刀、主餐叉、扒刀、鱼刀、鱼叉、甜品刀、甜品叉、黄油刀、甜品勺、汤勺、茶勺等。这些用具主要用于摆台,用于客人点餐后根据所点的菜式撤换餐具,同时在客人用餐期间可能需要更换餐具(如客人餐具掉落在地上)。像茶勺这样的餐具是为餐后饮品准备的。

(2) 托盘

这是服务员最常用的工具。在西餐厅里,所有的对客传递服务都是以托盘为载体完成的。另外,在有的餐厅里要求进出厨房托盘也不能离手,既所谓的"Tray In, Tray Out"。要求服务员进厨房时要从服务台上拿一部分需要清洁的餐具送到洗碗间,出厨房时要看到是否能帮助传菜到客人的餐桌,这是餐厅提高服务效率最基本的要求。

(3) 面包碟

面包碟是西餐摆台必备的用具,主要用于客人点汤时所搭配的餐具。

（4）筷子、勺子

在许多提供带有亚洲风味特色的西餐厅里要准备筷子和瓷勺等。

（5）咖啡用具及茶具（奶盅、糖盅、茶杯、茶碟、茶勺、茶壶、咖啡壶等）

一般在客人需要咖啡或者茶时，服务员只需要到服务性酒吧或者茶水间冲泡即可，而不需要在茶水间里准备咖啡用具和茶具。有时候，西餐厅里有着明确的分工，一个服务员制作咖啡的同时，另一个服务员则帮助将咖啡用具摆放到餐桌上，这样可以节约服务时间。

（6）水壶及水杯（用于冰水服务）

盛有冰水的水壶通常放在服务台上，水杯则整齐地放入下拉柜的隔层中。冰水在西餐厅中是最为常用的，客人随时都会需要添加冰水。

（7）汁酱架（如番茄汁、辣椒汁、芝士粉等）

这些酱汁是用来配合用餐服务的。西餐中会用到许多调味品，盐和胡椒粉是每张餐桌必备的，通常直接放置在餐桌上，而像番茄汁、芝士粉等则会根据不同的菜式跟着上，等客人用完这道菜之后也就随之撤下。

（8）吸管和调酒棒

很多西餐厅会将吸管和调酒棒放置在服务性酒吧里，服务员在拿取饮料时一起带出来。但实际上，除了上软饮料或上混合饮料时会用到吸管和调酒棒外，有时候客人还会需要额外的吸管，特别是有小孩的时候，所以餐厅应常备，以应不时之需。

（9）杯垫

用于垫在杯子底部的垫子，一般略大于杯底，通常为纸质，也有塑料材质。杯垫的作用主要是为了减小杯子放置到餐桌上时的声音，同时可以防止杯身上的水珠流到餐桌上。

（10）菜单和酒单

菜单是餐厅必备的、为客人点菜或加菜时使用的。客人点菜时服务员应及时推荐与其相搭配的酒水，所以酒单是西餐厅必备之物。

（11）入厨单及笔

餐厅收银软件的开发和应用，使得现在大部分西餐厅已经完全取消使用手工开入厨单的程序了。但在酒店的应急程序中，还是要求配备一些入厨单，以便在计算机系统出现故障时进行手工操作。

（12）餐巾

除了摆台以外，西餐厅许多时候会用到餐巾，如客人用完主菜后服务员清理餐桌上的面包屑等。

（13）牙签

西餐中客人随时会需要牙签，需要服务员及时按数量和要求补充餐桌上牙签筒中的牙签，酒店的牙签通常会有独立的包装。

（14）餐巾纸

虽然大部分高档的餐厅都是用餐巾，但餐巾纸还是很难被完全取代的，特别是在国内的餐厅里，餐巾纸则成为用餐的主流。

（15）火柴和烟灰缸

这是为吸烟的客人准备的，很多西餐厅会把火柴作为餐厅宣传的途径，这是一种很好的营销手段。

通常，餐厅的管理人员需要对每一个服务台中的用具配备确定基本的存货量，这可以根据餐厅的座位容量来计算，也需要考虑餐厅的客源周转率等因素。

工作任务三：设施设备检查、清洁卫生及预订摆台

程 序与操作标准

设施设备检查、清洁卫生及预订摆台操作标准与要求见表 3-2。

表 3-2 设施设备检查、清洁卫生及预订摆台的操作标准与要求

操作程序	操作标准与要求
检查门	① 服务门和餐厅门应能正常使用 ② 开、关任何门均应无噪声发出 ③ 门表面和把手应清洁，无污渍
检查服务车	① 由专人负责清洁和检查服务车 ② 用台布铺盖服务车，并对折，台布须干净、平整、无破损，服务中台布染上污渍后需及时更换 ③ 服务车的各层都需保持清洁 ④ 服务车不得用于推运重物 ⑤ 车轮要平稳，并且转动灵活，无噪声 ⑥ 需定期检查服务车的使用状况
检查电器设备	① 检查加热器等用电设备是否符合安全标准，导线有无破损，是否存在短路隐患，电源插头是否牢固，电器附近是否存在易燃、易爆和腐蚀性物品 ② 背景音乐及灯光调节器应灵敏，无漏电隐患 ③ 咖啡机应工作正常，表面清洁 ④ 中央空调应正常运转，出风口应无水渍和灰尘 ⑤ 抽风机应正常运转
检查地毯	① 餐厅各处地毯需保持清洁无异物、无破损、无起包现象 ② 衔接处应平整，无开胶现象

续表

操作程序	操作标准与要求
检查餐厅卫生	① 餐厅大门及周围环境干净，整齐 ② 地毯（地面）干净，无杂物 ③ 备餐柜内外干净，物品齐全，分类摆放 ④ 客用菜单、酒单干净，无污渍 ⑤ 台布干净，无皱褶 ⑥ 服务车干净，无异味 ⑦ 桌椅干净，无污渍
检查预订摆台	① 所摆餐位符合预订人数 ② 指示牌干净，内容正确 ③ 餐台鲜花新鲜、美观，无客人禁忌 ④ 预订菜单干净，内容正确无误

要点提示

① 服务车分为客用服务车和员工用服务车两种。
② 地毯如出现油污、水渍等问题应报请客房部处理，如出现起包、衔接处开胶等应报请工程部处理。
③ 电器设施如有问题，应报请工程部处理。
④ 桌椅应牢固坚实。
⑤ 预订餐台应无客人禁忌。

相关知识

目前，在很多酒店的西餐厅里，都会设置餐厅"开档工作检查表"。工作检查表是餐厅日常工作中最为有效的管理工具之一；它是将日常所要检查的工作逐项详细地列明在一张表格中，在实施工作检查时，只需核对工作检查表中的项目；这样做可以避免工作中的随机性，避免工作中可能存在的遗漏。通过落实检查表，将餐厅的工作程序化，同时也是保证餐厅安全和正常运作的手段。

工作检查表适合许多工作程序，特别是在程序中工作项目比较多的情况，能保证在最短的时间内有效、全面地完成既定工作。

餐厅服务员或者领班每天上班的第一件事情，便是打开开档工作检查表，检查工作的完成状况。

表3-3是某西餐厅开档工作检查表的实例。

表3-3 西餐厅开档工作检查表

日期：		班次：	服务主管：	服务员：
序号		检查项目	检查	措施
1		开灯并检查灯泡是否损坏		
2		检查仪表仪容是否符合酒店要求		
3		检查玻璃器皿是否光亮清洁		
4		检查瓷器是否光洁		
5		检查不锈钢器皿是否光亮		
6		检查服务车是否到位		
7		检查菜单是否完整、无污渍		
8		检查布草是否整洁		
9		检查整体摆台是否完整		
10		检查餐桌上的调料是否准备充足		
11		检查椅子是否牢固与干净		
12		打印机内打印纸是否充足		
13		餐具用品是否准备充足		
14		制冰机是否处于正常运转状态		
15		地面卫生及清洁		
16		家具的清洁		

工作任务四：参加班前会

程序与操作标准

参加班前会的操作标准与要求见表3-4。

表3-4 参加班前会的操作标准与要求

操作程序	操作标准与要求
检查仪容仪表	① 制服必须干净、整齐、挺括、无破损，工牌佩戴标准 ② 袜子无破损，无跳丝 ③ 保持工作鞋鞋面干净完好 ④ 手必须干净无污渍，指甲剪短，不得涂任何颜色的指甲油 ⑤ 男士面部保持干净，女士不得将长发披在肩上，头发应按规定塞入发网，应保持清雅淡妆

续表

操作程序	操作标准与要求
传达内容	① 传达酒店及本部门的要求和任务 ② 对上一班次出现的问题进行纠正 ③ 进行有效的案例分析，总结案例经验和教训 ④ 介绍当日特选菜肴及沽清品种 ⑤ 及时表扬好人好事，鼓励其他员工向其学习 ⑥ 征求员工意见及建议
接受分工	① 点名 ② 了解预订客人及重点客人的饮食习惯 ③ 了解自己所负责的区域及台号
通报情况	① 通报酒店及部门各种需要员工了解的信息 ② 通报客人对本餐厅新产品和服务的反馈意见 ③ 通报酒店的经营情况
语言培训	朗读背诵并掌握中英文礼貌服务日常用语

要点提示

① 牢记当日特选菜肴及沽清品种。
② 熟知预订客人的用餐标准及台号。
③ 了解重点客人的饮食习惯及生活禁忌。
④ 了解酒店的经营情况。

相关知识

班前会是西餐厅每天开餐前必须要进行的一项工作，一般由西餐厅经理或主管负责。通常西餐班前会在早餐结束后上午10:30进行，晚餐餐前会在15:00进行（每个班次交班前）。有关开班前会的要点详见2.1.2节。

案例分析

杯子不够

江苏某酒店西餐厅的李经理接到电话，A区2号桌的客人投诉说，在用餐期间无冰水供应。李经理立即打电话给餐厅主管,并于十分钟后赶到现场。到后发现,2号桌仍有部分客人无冰水。李经理询问服务员,服务员解释说,因为杯子不够,故没有及时上冰水,只给要求要冰水的客人将冰水上了,而没有要求要冰水的客人就没有提供给冰水。

评析

备足餐具是餐前准备工作的重要一环,必须认真对待。本案例就说明了这样一个道理:准备工作不充分必将导致服务失败,酒店员工需引以为戒。

此事件的发生同时说明了服务员严重缺乏服务意识。实际工作中,按惯例,应按满足餐位周转率的15%左右配备餐具。即便如此,对于客人需要冰水的合理要求,即使存在杯子不够的情况,服务员必须设法予以满足,因为客人的满意程度是体现服务质量优劣的关键,优质的服务必须做到一切做在客人开口之前,对客人永远不说"不"。

在此事件中,餐厅管理人员在服务意识上也存在一定的问题。餐厅主管在接到经理的电话后,应马上予以关注,及时到位,以弥补服务员工作上的不足,为客人提供冰水,以消除客人的不满。

3.1.2 迎宾服务

实训目的

通过对迎宾服务基础知识的讲解和迎宾服务操作技能的训练,使学生了解引领客人、安排客人入座及呈递菜单和饮料单的技巧,掌握迎宾服务的程序与标准,达到能够热情、准确、熟练迎接客人的能力。

实训方法

按西式零点迎宾服务的方式、内容等设计模拟场景。首先由教师示范讲解,然后学生动手操作训练。在学生操作训练过程中,教师进行指导,学生反复强化训练,达到熟练掌握操作技能的目的。

实训准备

模拟西餐餐厅、桌椅、餐具、菜单、笔、迎宾记录本等场景及物品。

实训内容

① 迎宾服务；
② 呈递菜单及酒水单。

工作任务一：客人到达餐厅时的迎宾服务

程序与操作标准

客人到达餐厅时的迎宾服务的操作标准与要求见表3-5。

表3-5 客人到达餐厅时的迎宾服务操作标准与要求

操作程序	操作标准与要求
迎接问候客人	① 礼貌问候客人 ② 问候客人应积极主动，服务员的礼貌将使客人感到舒服愉快
向客人了解情况	① 询问客人是否有预订 ② 如果客人已有预订，检查并核对客人预订记录及用餐人数 ③ 如果客人没有预订，则需要询问客人用餐人数及客人对餐桌的位置选择要求等
满足客人特殊要求	① 如果客人是残疾人，应为其提供特殊的座椅 ② 如果客人带有小孩，应为客人提供儿童椅 ③ 如果有需要，请服务员重新安排餐桌或摆放特殊的物品 ④ 如果需要客人等候时，需说明情况并尽快满足客人要求

要点提示

① 迎宾员在问候客人时应面带微笑，使用酒店、餐厅规定的敬语。
② 遇 VIP 客人前来就餐时，餐厅经理、主管应在餐厅门口迎候。
③ 如遇带儿童的客人前来就餐，应协助服务员送上儿童座椅。
④ 如遇客人来餐厅门口问询，如问路、看菜单、找人等，迎宾员也应热情地帮助客人，尽快满足其要求。

相关知识

西餐厅迎宾服务应注意以下几点。

① 问候客人时应注意遵循女士优先的原则。

② 如遇常客或贵宾,应以姓或职务尊称客人。

③ 询问客人有无预订。如果客人有预订,应询问客人预订的单位名称或客人姓名以及预订的人数等情况,并迅速与预订单核实。如果客人没有预订,则需询问客人用餐人数以及客人对餐桌位置的选择。

④ 询问客人是否吸烟。如客人不吸烟,则要为客人安排在非吸烟区就座。

⑤ 迎宾员应事先清楚地了解餐厅内座位的状况,如哪些区域、哪些座位已有预订,吸烟区和非吸烟区的座位中哪些是没有预订的等。

工作任务二:引宾入座、呈递菜单及酒水单

程序与操作标准

引宾入座、呈递菜单及酒水单的操作标准与要求见表3-6。

表3-6 引宾入座、呈递菜单及酒水单的操作标准与要求

操作程序	操作标准与要求
引领客人入座	① 准备足够的菜单和酒水单 ② 用稳重的步伐带领客人到餐桌前 ③ 将菜单拿在齐手臂高度,不要垂拿在一边 ④ 为客人领位子的时候,身体保持直立,全神贯注,不要停在路边和同事说话,除非是有关安排位子的事宜 ⑤ 在引领客人入座的过程中,向客人介绍酒店的特色菜及特色服务等
协助客人就座	① 将主人与女士安排在面向门口的主位 ② 帮助客人拉开椅子让客人站在就餐位置前,客人坐下的同时将椅子前推,使客人完全落座在椅子上 ③ 如客人带有小孩,应示意值台服务员先取来儿童座椅,然后帮助儿童就座
呈递菜单及酒水单	① 用右手将菜单打开,翻到第一页 ② 从客人右面双手递上菜单,递菜单的顺序是:孩子、女士、男士 ③ 如果酒店有单独的酒水单,将酒水单以同样的方式递给客人 ④ 向客人致意后离开餐桌

要点提示

① 在为客人呈递菜单和酒水单时应注意,因为西餐是分餐制,必须保障每位客人人手一份菜单和酒水单。

② 当迎宾员引领客人进入服务区域时,值台服务员要协助迎宾员安排客人入座,迎宾员与值台服务员之间要密切配合,有条不紊。

相关知识

引宾入座即引领客人到餐桌边并帮助客人入座。在西餐厅里,这样的工作通常由迎宾员完成。客人人数较多时,可以由值台服务员一起帮助完成;如遇 VIP 客人,西餐厅的经理和主管也应帮助客人入座。

一个服务周到的西餐厅,应该在客人每一次来到餐厅、离开座位和返回时都有人拉椅和帮助客人入座。

引宾入座应注意以下几点。

① 在确认客人是否有预订后带领客人步入餐厅时,迎宾员应走在客人右前方,并保持 1.5 m 左右的距离。

② 在引领客人时不要走得太快,要不时回头,保持侧身前行,确保与客人之间的距离。

③ 用左手或右手前伸,五指并拢来示意餐桌的方向。

④ 走到餐桌边,一边为客人拉出椅子,一边询问客人"这张餐桌可以吗?"以确认客人对餐桌是否满意。

⑤ 注意拉开椅子时应用双手握椅背,轻轻地向后拉开至离桌边大约 20 cm 左右的距离,让客人有足够的空间将腿伸入,并示意说:"您请坐。"

⑥ 当客人完全站在餐桌前面后,待客人弯腰时,用双手扶椅背,同时用单脚抵住椅腿慢慢向前推,使客人坐下时刚好将椅子推入。

⑦ 当客人前来就餐而餐厅满座时,应礼貌地告诉客人餐厅已满,询问客人是否可以等待,并告知大约等待时间;如可以,则将客人安排在休息处等待,并为客人服务冰水。另外,需及时与餐厅沟通,了解餐位情况,以最快速度为客人准备好餐台,也可以提前送上菜单和酒水单,以便客人提前点好菜品和餐前酒。

在大部分国外的西餐厅中,呈递菜单都会放在稍后一步进行。因为根据西方人的饮食习惯,客人步入一家餐厅,冰水的服务应在先,这是典型西餐厅的做法。在西餐传入我国的较长一段时间内,曾经一度恪守这样的教条,直到商家发现国人在用餐时并非能够完全接受西方人喝冰水的习惯,便将其视为一个推销饮品的好机会,于是西餐厅的冰水服务便有了改进。

此外，在酒店西餐厅中，为客人呈递菜单到整个点菜过程均是由迎宾员完成的。但是，最近几年，许多酒店西餐厅的点菜过程是由值台服务员完成的，而迎宾员只负责呈递菜单。

呈递菜单的要求如下。

① 拿菜单/酒水单时，用左手将菜单/酒水单拿在齐手臂高度，不要垂拿在一边。

② 用右手从上方将菜单/酒水单打开，翻到第一页。

③ 从客人右边双手递上菜单/酒水单，并说："××先生/女士，这是我们的菜单/酒水单。"

④ 呈递菜单/酒水单时应注意服务的前后顺序，一般情况是先孩子，再女士，最后男士。

⑤ 应向客人介绍餐厅特别推荐的菜肴和特色菜肴。

⑥ 呈递菜单/酒水单后，向客人示意后离开餐桌并与值台服务员做好沟通。

 例分析

我做错什么啦？

徐蔚是龙舟大酒店的新员工，因其品貌出众、声音甜美而被安排担任餐饮部西餐厅的迎宾员。

一天，正值午餐时间，徐蔚正在迎宾，来了一位女士，徐蔚用规范的服务用语问道："您好！欢迎光临！请问您几位？"

那位女士一听就不高兴了，也不搭理她。徐蔚忙又重新问了一遍："您好！请问您几位？"

谁知那位女士生气地冲徐蔚喊起来："你什么态度？你管我几位？没完没了地问来问去，你要查户口呀？"

徐蔚忙向客人解释："我问您几位，好给您找个合适的座位。"

那位女士更生气了，喊到："你管我几位？我愿坐哪儿就坐哪儿。"

这时主管赶忙过来，让徐蔚走开，并诚恳地向客人道歉："对不起，您别生气，这是服务员态度不好，说话不对，请您原谅。您里边请！请您自己选您喜欢的座位，请！"主管诚恳道歉使女士气消了些，她不再喊了，自己走进餐厅，在餐厅转了转，找了一张临窗的小桌坐下了。

徐蔚一直在餐厅门口观察，心里直嘀咕："我按规范询问她几位，怎么就不对了呢？我态度挺和蔼的，主管怎么说我态度不好呢？"徐蔚真的感到迷惑了，"这到底是

什么缘故？我到底做错什么啦？"

评析

迎宾员在服务中，应使用问候语、欢迎语迎宾，用征询语询问客人是否有预订，了解客人的就餐需要和喜欢的餐位，这是迎宾的基本规范。当独身客人来到餐厅时，用服务用语问话就要谨慎了，因为独身客人本来单独来就餐就有孤独的感觉，我们的服务问话就不能强化客人的这种感觉，不应该问："就您一位吗？"这会使客人反感，服务员应避免使用这种强化客人孤独感的不妥问话。正确的做法是：看到单身一人来就餐的客人，应引领至单独的小张餐桌后问："您看这张餐桌可以吗？"客人若还等其他客人，他（她）会主动告知服务员，服务员即可根据情况调整餐位。若是一位客人，他（她）会喜欢单独的小餐桌而又很自然地就座，这样就可避免使单身客人感到孤独感的不良作用。

本案例中的迎宾员在使用规范用语后，对客人不理她的态度反应不敏感。客人不回答问题，直接表明她不喜欢服务员问话的内容，服务员应立即想到客人可能一人来就餐，不想让服务员再强调这一点。由于迎宾员不了解单身就餐客人的心理活动，触犯了客人的忌讳，引起客人不满。当那位女士对她问话发火后，她依然死板教条，按规范解释是为客人找合适座位，这是一种强加于人的服务。看到客人不愿多问，就不应死板地、按规范非问出结果不可，而应机敏地停止询问，让客人自己选她喜欢的座位。

所以，服务员在服务过程中，要揣摩客人的心理活动，正确使用服务用语。

3.1.3　餐中服务

实训目的

通过对餐中服务基础知识的讲解和操作技能的训练，学生了解和掌握西餐零点餐中服务4个环节的工作内容与要求，掌握相应的服务技能，达到能够热情、准确、熟练为客人提供餐中服务的能力。

实训方法

按照西餐零点服务的4个基本环节设计场景模拟训练。首先由教师示范讲解，然后学生动手操作训练。在学生操作训练过程中，教师进行指导，学生反复强化训练，达到熟练掌握操作技能的目的。

实训准备

设备:模拟西餐厅、西餐零点摆台、服务车。
用具:各种托盘、各种西餐餐具、酒具、服务用具等。

实训内容

① 餐巾、冰水的服务;
② 点菜、点酒服务;
③ 葡萄酒的服务;
④ 上菜及撤盘服务;
⑤ 甜品、咖啡、茶的服务。

工作任务一:服务餐巾、冰水和开胃酒

程序与操作标准

服务餐巾、冰水和开胃酒的操作标准及要求见表3-7。

表3-7 服务餐巾、冰水和开胃酒的操作标准及要求

操作程序	操作标准与要求
服务餐巾	① 客人入座后,值台服务员点燃台上的蜡烛(晚餐时使用) ② 用右手从客人右边将餐巾从展示盘中拿起,同时用双手的拇指和食指捏住餐巾的两个角,将餐巾轻轻展开 ③ 用右手拿餐巾的对角,将餐巾对折成三角形 ④ 双手交叉,右手在前,从客人右侧将餐巾铺在客人的双膝上,餐巾三角形的长边朝向客人
服务冰水	① 用托盘托放好盛放冰水的内胆冰水壶 ② 倒冰水时,用右手拿住冰水壶站立在客人的右侧,慢慢地将冰水倒入玻璃杯至3/4处 ③ 斟倒冰水时应按顺时针方向进行,按女士优先、先宾后主的原则
服务开胃酒	① 斟倒完冰水后,回到客人餐桌边,询问客人是否可以准备点开胃酒 ② 向客人介绍酒水的成分和味道,帮助客人点开胃酒并依次记录下客人所点的酒水,注明客人的特殊要求,然后重复客人所点的酒水 ③ 向客人致谢后离开餐桌,将客人所点开胃酒输入点单机 ④ 将客人所点的酒水放在托盘上,托至客人餐桌边,用右手从客人右侧按顺时针方向进行服务,依次将酒水放在客人的右边上方、冰水杯的右边。遵循女士优先、先宾后主的原则

要点提示

① 给客人铺餐巾时，需先向客人示意，按照女士优先、先宾后主的原则进行。
② 铺餐巾时不要与客人发生不必要的接触。
③ 上冰水的时候不必跟客人说"请慢用"之类的客套话，因为这样会引起客人的反感。
④ 应站立于客人的右侧为客人服务。
⑤ 冰水壶的出水口不要碰到玻璃杯的边缘上，在整个用餐过程中，应不时添加冰水。
⑥ 如果由于操作不慎将杯具碰翻，应向客人表示歉意，并立即将酒杯扶起，检查有无破损，同时用干净的餐巾将酒液吸干，重新斟倒。
⑦ 有时客人会离开座位片刻，此时服务员应上前将客人的餐巾折叠成三角形放在客人座位的右手边。

相关知识

1. 餐巾服务

当客人坐下后，应先打开餐巾并铺在客人面前。有些客人喜欢自己打开餐巾，而有些客人则会等服务员将餐巾铺在他们的面前。铺放餐巾的位置有很多的不同，传统的方法是将餐巾夹在领口，但现在只是针对需要照顾的儿童时才用这种方法。许多国内客人愿意将餐巾压在餐盘底下，这是因为客人需要频频起身敬酒的缘故。

2. 冰水服务

在许多正规的西餐厅，冰水应在客人入座后立即服务。上冰水的目的是要在客人用餐前先清新一下口感，并且有足够的时间来选择菜单中的菜肴和酒水。

目前，随着市场的不断发展，很多酒店都有独立的水过滤系统，打开水龙头的自来水即可直接饮用，这样制作冰水就很容易，其具体操作方法如下。

① 首先将内胆冰水壶加入一半的冰块。
② 在壶中加入适量的纯净水，一般加水至水壶的3/4处即可。
③ 使用没有内胆的冰水壶时要用餐巾包住水壶，防止产生冷凝水而滴洒在餐桌上。

3. 开胃酒服务

客人入座斟倒完冰水后,应尽快上前帮助客人点开胃酒。服务员可以有技巧地向客人推荐一些具有开胃作用的鸡尾酒,也可以让客人自己考虑选择味美思或比特酒这些传统的开胃酒。

工作任务二:点菜、点酒服务

程序与操作标准

点菜、点酒服务的操作标准与要求见表 3-8。

表 3-8 点菜、点酒服务的操作标准与要求

操作程序	操作标准与要求
问候客人	① 礼貌问候客人 ② 介绍自己 ③ 征询客人是否可以点菜
接受点菜	① 走到客人的餐桌前,准备好点菜本 ② 根据客人的人数画好餐位图,并写下桌号 ③ 根据餐位图按顺时针方向依次为每位客人进行点菜。一般情况是先请孩子点,其次是女士,最后是男士,在对应的餐位图中记录每位客人所点的菜式 ④ 为客人点菜时,服务员应站立于客人的左侧 0.5 m 左右的位置,身体略向前倾,认真倾听客人的叙述,回答客人问题时要音量适中,语言亲切,注意身体姿势,不可将点菜本放在餐桌上填写 ⑤ 根据客人的消费需要和消费心理,向客人推销、推荐餐厅的特色菜、畅销菜。特别注意要询问牛扒的生熟程度和酱汁选择及菜式的其他要求 ⑥ 记录客人的特别要求,留心点菜时的细节,比如客人若表现得比较犹豫,服务员可以给客人提一些建议,适时地提问,明确客人的需要 ⑦ 如果客人所点的菜式为菜单上没有或已销售完的,服务员要积极与厨房取得联系,尽量满足客人的需要或介绍其他口味相似的菜肴。如果客人所点的菜肴需烹制较长时间,要主动向客人说明,告知等待时间,调整出菜顺序;如客人需要赶时间,要主动推荐一些快捷易做的简餐
推荐葡萄酒	① 客人点菜完毕,可根据客人所点的菜式推荐相应的葡萄酒 ② 服务员必须熟悉葡萄酒与食物的搭配原则 ③ 用接受点菜的同样方法在餐位图中准确记录每位客人所点的葡萄酒品种及数量

续表

操作程序	操作标准与要求
确认	① 客人点完菜肴及酒水后，服务员要向每位客人复述一遍所点菜肴和酒水以及特殊要求，并请客人确认 ② 告知客人大约等待的时间 ③ 从客人手中收回菜单、酒水单并礼貌致谢 ④ 向客人示意后离开餐桌
分送厨房单和酒水单	① 填写厨房单和酒水单要准确、迅速，台号要一致 ② 厨房单每式三联：白联交后厨，红联交收银，黄联送传菜 ③ 酒水单每式两联：白联交酒吧，红联交收银

要点提示

1. 服务员必须事先掌握菜单知识，掌握基本的饮料和酒水知识，了解价格，对当天的特价菜和沽清品种必须清楚。
2. 西餐属于分餐制，要求服务员必须清楚地记住每位客人所点的菜式和酒水。
3. 特别注意要询问牛扒的生熟程度和所要搭配的酱汁，如果客人点沙拉还应问清搭配何种沙拉汁。
4. 为客人提供关于菜式搭配的必要建议，满足客人的特殊要求。
5. 了解、掌握葡萄酒知识，根据客人所点的菜肴推荐搭配相应的葡萄酒。
6. 复述客人的点菜内容，获得客人的确认，确保菜点的准确。
7. 厨房单和酒水单是出品与结账的凭证，不可送错地点。

相关知识

1. 熟悉菜单

作为一名合格的西餐服务员，在客人点菜之前必须懂得怎样来描述菜单中的菜肴，包括菜肴的做法、原料、新鲜程度等，因为客人会要求服务员为他介绍以及推荐一些菜肴。

西餐服务员还需了解餐厅的招牌菜和厨师推荐菜，应对所有的菜肴都了如指掌，有了这些充分的准备才能有针对性地为客人介绍、推荐菜肴。

服务员应事先掌握菜单的基本知识，具体包括：

① 熟悉餐厅提供的菜肴；
② 了解各种菜肴的原料及产地；
③ 了解各种菜肴的烹饪方法；
④ 掌握菜肴与酒水的搭配规则；
⑤ 掌握当天厨房的沽清情况。

2. 推销菜肴

点菜是服务员推销的最好时机，推销是在向客人推荐的基础上让客人自己作出决定。通过优秀的服务让客人感觉舒适和满意比推销更加重要。有效的推销要能让顾客产生一种真诚、友善、关怀备至和热心的感觉。服务员只有精通、熟悉了菜单，才能更好地向客人推荐。

推销的技巧之一是不要用简单的"是"或"不是"的问题来询问客人，因为当服务员问客人"您是否要……"时，得到的答案很可能是"不"；而当服务员问客人"您想要……还是……"时，则得到的答案很可能是肯定的，这样才更有利于菜肴的推销。

3. 点菜服务

在整个西餐的点菜服务过程中，服务员必须要记清每位客人所点菜肴的品种及数量，这就需要服务员临时勾画餐位图。即便是在科技发达的今天，先进的点菜系统已经普及到所有的餐厅，但是点菜时勾画餐位图还是很有必要的。为了保证点菜服务的顺畅和正确，服务员必须将一切信息在点菜时就在餐位图中进行详细注明。

点菜餐位图可以有不同的格式，这取决于客人的人数。一般情况下，服务员先要在餐位图上将客人所做的位置标出来，然后在客人各自的位子旁写下客人所点菜式及特殊要求。服务员要妥善保管餐位图，它是开具厨房单及上菜的重要依据。

4. 推荐酒水

在接受完客人点菜之后，要向客人推荐相应的酒水。西餐非常注重食物与酒水的搭配，特别是与葡萄酒的搭配。服务员要根据客人所点的菜肴向客人推荐相应的酒水，这就要求服务员事先掌握基本的饮料和酒品知识。具体要求如下。
① 熟悉酒水单上提供的各种酒水的名称和产地。
② 了解日常提供的各式鸡尾酒的名称、基本配料和调制方法。
③ 了解各式饮料的饮用方式及配备的装饰物。
④ 熟悉酒水单上各种酒水当天的库存情况。
⑤ 了解客人所点葡萄酒的特点和品味。
⑥ 了解各种葡萄酒的服务方法。

⑦ 熟悉各种甜食酒的名称、品种、产地和所使用的不同酒杯及服务方法。
⑧ 熟悉餐厅提供的各种酒水的价格。

葡萄酒与食物搭配的一般规则如下。

① 红葡萄酒配红肉（如牛肉、羊肉等）。
② 白葡萄酒配白肉（如鱼、海鲜、家禽等）。
③ 味香浓的菜配较浓郁的葡萄酒（如味重的红葡萄酒）。
④ 味淡的菜配较清爽的葡萄酒（如味轻的白葡萄酒）。
⑤ 偏甜的食物应配偏甜的酒。
⑥ 香槟可以配所有菜肴。

葡萄酒与食物搭配的具体规则如下。

① 开胃菜在配酒时不要用太甜或太重的葡萄酒，通常比较适合搭配干味的葡萄酒、香槟酒。
② 汤类很少有人以专用的葡萄酒来搭配。
③ 生食的海鲜和鱼类可以搭配酒质较轻、较淡的白葡萄酒；原味的海鲜和鱼类可以搭配较浓郁的白葡萄酒；调味的海鲜（如红烧的）为了与其均衡，可以选用红葡萄酒来搭配。
④ 肉类中的牛肉、羊肉最好搭配红葡萄酒。
⑤ 家禽适合搭配较浓郁的白葡萄酒。
⑥ 奶酪一般配较甜的葡萄酒。

工作任务三：服务面包及黄油

程序与操作标准

服务面包及黄油时的操作标准与要求见表 3-9。

表 3-9 服务面包及黄油时的操作标准与要求

操作程序	操作标准与要求
准备面包	① 拿托盘进入厨房 ② 取一个干净的面包篮并将面包整齐地放置在垫有花纸的面包篮中
准备黄油	① 到冰箱中取出成品黄油，逐一放置在黄油碟上 ② 将盛有黄油的黄油碟逐个放置在客人左手边面包盘的上方
分派面包	① 用左手托着面包篮，托在左手掌心 ② 从客人的左边开始分派，女士优先，询问客人选用何种面包

续表

操作程序	操作标准与要求
分派面包	③ 左手托住面包篮，弯腰将面包篮接近面包盘边，不要离开面包盘超过 5 cm，使用服务叉和服务勺用单手分餐的方式，轻轻将客人所需的面包夹入客人面包盘内，并示意客人慢用 ④ 分派完后，将剩余的面包连同面包篮一起放在餐桌中央 ⑤ 如果剩余的面包不多，则应拿一篮新的面包放置在餐桌中央

要 点提示

为客人分派面包时，需使用服务叉、勺递送面包。

相 关知识

在西方人的饮食习惯中，面包就如同冰水一样，应该在客人一入座时就立即提供。然而这一西餐服务规则在国内乃至亚洲的一些西餐厅里却不完全相同，因为许多亚洲的客人可能会在咖啡厅这样的综合餐厅里点一些像海南鸡饭、肉骨茶这样的东南亚菜式，所以在这样的餐厅一般习惯在点完菜后根据所点的菜式来服务面包和黄油，这也是因为饮食习惯不同而产生的差异。

服务面包时可以直接将面包篮和黄油放在餐桌中央，也可以用英式服务的方法逐个给客人分派，这要视餐厅的规定来服务。另外，分派面包的好处是可以在餐桌上留下更多的时间，这也是体现餐厅服务水准的方法之一。

工作任务四：根据点菜更换摆台

程 序与操作标准

根据点菜更换摆台的操作标准与要求见表 3-10。

表 3-10 根据点菜更换摆台的操作标准与要求

操作程序	操作标准与要求
准备餐具	① 取一个干净的托盘 ② 按照客人所点的菜式，将所需的餐具依次放置在托盘上 ③ 按照点菜时所画的餐位图，根据西餐的上菜顺序，依次更换餐具

续表

操作程序	操作标准与要求
更换餐具	① 预先摆在餐桌上的餐具，如果不需要就必须换走 ② 服务员站在两个客人中间，先更换第一个客人的刀（客人的右边），然后更换第二个客人的叉（客人的左边） ③ 将第一道菜所用的刀、叉摆在外侧，后一道菜所用的刀、叉依次摆在内侧靠近主餐盘的位置 ④ 拿取餐具时应用食指和拇指握住餐具颈部的两边，以免留下手指印 ⑤ 所有摆台的餐具必须保证干净、卫生
更换甜品餐具	① 在客人用完主菜后，如果还有甜品，则应摆放甜品餐具 ② 按照客人所点甜品，将所需的餐具放在托盘上 ③ 服务员站在两个客人中间，先将左边客人的勺放在其右边，再把右边客人的叉放在其左边 ④ 如果客人所点的甜品只需要一个茶勺，则将茶勺放在客人的右边 ⑤ 如果餐厅使用的是固定套餐，则将甜品茶勺预先横着摆放在餐桌上，摆放时甜品勺在上，勺把向右，甜品叉在下，叉把向左 ⑥ 在客人用甜品前，将甜品叉、勺移下来。移动甜品叉、勺时，站在两个客人中间，将左边客人的勺移到其右边，将右边客人的叉移到其左边，依次摆放

要点提示

为客人更换餐具时，服务员必须站立于两个客人中间，先更换第一个客人右边的刀，再更换第二个客人左边的叉。

相关知识

西餐不同于中餐的特点之一在于每一道菜所使用的餐具都不一样，即使两道不同的菜使用的是同一种类的刀叉，也必须换用新的餐具。

西餐的习惯中，不同的菜式都会规定使用不同种类的餐具。有的菜式用刀和叉进餐，也有的菜式用叉和勺进餐，这一点要根据餐厅所使用的菜单和每个餐厅的不同规定而定。当然，西餐中依然有很多惯例可遵循，如一般沙拉都使用刀叉进餐，意大利面食类则使用叉和勺进餐，牛、羊肉通常会用锋利的牛扒刀代替一般的主餐刀，而食用甜品时大多使用甜品叉和甜品勺。

更换餐具的目的就是根据客人所点菜式所需用的刀叉来置换预先摆放在餐桌上的餐具，更换餐具应在点完菜、传完点菜单后立即进行。通常，更换刀叉只换到上主菜为止,即使客人提前点了甜品,甜品叉、勺也应在客人用完主菜后再更换。

摆放餐具时,应按照西餐的上菜顺序进行。第一道菜用的餐具应放到最外面,客人依次从外向内使用餐具。

西餐正餐的上菜顺序,以开胃品和汤开始,然后是沙拉和主菜,最后是甜品、咖啡/茶。通常情况下,如果是五道菜的一席餐,以开胃品、汤和主菜为前半部分,甜品和咖啡/茶为后半部分。

工作任务五:服务酒水

程序与操作标准

1. 服务红葡萄酒

服务红葡萄酒的操作标准与要求见表3-11。

表3-11 服务红葡萄酒的操作标准与要求

操作程序	操作标准与要求
取酒	① 从酒吧取出客人所点的红葡萄酒,核对酒瓶,保证正确的标签、酒水编号和酿酒日期 ② 检查酒瓶有没有灰尘和污点,将瓶身擦拭干净
示酒	① 红葡萄酒的示酒过程是从客人所点酒品的酒标确认开始 ② 服务员以左手扶住酒瓶底部,右手扶握酒瓶瓶颈部,酒标正对点酒的客人,让酒标保持在客人视线平行处
开启葡萄酒	① 客人确认后,往一个干净无破损的酒篮内铺垫干净的餐巾 ② 将酒瓶轻轻卧放于酒篮内,并保持30°的斜角,酒的商标朝上 ③ 用酒刀划开红葡萄酒瓶口处的封纸 ④ 用干净的餐巾擦拭木塞的顶部可能附着的霉或灰尘 ⑤ 用开瓶钻对准瓶塞的中心钻入,慢慢钻入酒塞3/4处时停止 ⑥ 用开瓶钻的支杆顶架于红葡萄酒的瓶口,左手扶稳支架及瓶身,右手向上提酒钻把手,利用杠杆原理将木塞向上拉出至3/4部分,然后用手慢慢地将其余的部分拉出
验木塞	① 服务员要用干净的餐巾把瓶口残留的物质认真擦拭干净 ② 将拔出后的酒瓶塞放于垫有花纸的垫碟上,交与点酒的客人,请其检验
醒酒	① 询问客人,在提供红葡萄酒服务前是否需要给红葡萄酒醒酒 ② 征得客人同意后,将葡萄酒静置于酒篮中5~10分钟,先不倒酒

续表

操作程序	操作标准与要求
品酒服务	① 右手捏握酒篮，左手自然弯曲在身前，左臂搭挂服务巾一块，站在点酒客人的右侧，首先为客人斟倒约1盎司的红葡萄酒，并帮助客人在桌上轻轻晃动酒杯，使酒与空气更加充分接触 ② 允许客人闻或尝葡萄酒，征求客人意见，是否可以立即斟酒 ③ 如果客人对酒不满意，向客人道歉，立即将酒撤走，并联系经理说明情况
斟酒服务	① 斟酒时服务员用右手拿住酒篮，站立于客人右后方30 cm处，按顺时针方向服务，女士优先，先宾后主 ② 酒应倒至酒杯的1/2处 ③ 每斟完一杯酒需将酒瓶按顺时针方向轻转一下，使瓶口残留的酒液均匀地挂于瓶口边缘，将瓶口在左臂上搭挂的服务巾上轻轻擦去残留酒液，以防下一次斟酒时，瓶口残留酒液滴落在餐台上或客人的衣服上 ④ 为所有客人斟完酒后，将酒瓶连同酒篮一起轻放至点酒客人的桌上或桌旁最近的服务台上，瓶口不可指向客人 ⑤ 服务过程中动作要轻，避免酒中的沉淀物浮起，影响酒的质量 ⑥ 酒瓶中的酒只剩下一杯的酒量时，需及时征求客人的意见是否准备另外一瓶酒

2. 服务白葡萄酒、玫瑰葡萄酒

服务白葡萄酒、玫瑰葡萄酒的操作标准与要求见表3－12。

表3－12　服务白葡萄酒、玫瑰葡萄酒的操作标准与要求

操作程序	操作标准与要求
取酒	① 从酒吧取出客人所点的白葡萄酒，检查酒瓶，确认正确的标签、酒水编号和酿酒日期 ② 检查酒瓶有没有灰尘和污点，将瓶身擦拭干净 ③ 将盛放冰块的冰桶和冰架放到客人桌旁，不影响服务员正常工作位置处
示酒	① 在开启酒瓶前需向客人展示酒标，以便客人确认白葡萄酒品牌。服务员站客人右侧，以左手扶住瓶底，右手握住瓶颈，酒标朝向客人 ② 待客人确认后方可将白葡萄酒酒瓶斜插放在冰桶中，桶口应用折叠成形的三角口布覆盖
开启白葡萄酒	① 开启白葡萄酒时，服务员站在冰酒桶的后方，右手持酒刀，轻轻刮开瓶口的封纸，将酒钻对准瓶塞中心点垂直钻入，待钻至瓶塞3/4处时停止 ② 将酒钻的支架顶住白葡萄酒瓶口部，左手扶稳酒瓶，右手缓缓提起酒钻把手，使瓶塞逐渐脱离瓶口。拔塞时应避免发出声响，用力不宜过猛，以防酒塞断裂，直到将木塞拔出3/4时让瓶塞逐渐脱离瓶口

续表

操作程序	操作标准与要求
验瓶塞	① 从酒钻上退出白葡萄酒瓶的木塞,并用干净的口布仔细清理瓶口的碎屑 ② 将拔出后的酒瓶塞放置在垫有花纸的垫碟上,交与点酒的客人,请其检验
品酒服务	① 将开瓶的白葡萄酒从冰桶内抽出,用餐巾将瓶外侧的冰水擦拭干净,然后用折叠成长条状的口布将白葡萄酒瓶中下部包好,露出酒标 ② 向点酒的客人杯中斟倒约 1/5 杯容量的白葡萄酒供其品尝
斟酒服务	① 经客人确认后服务员按照女士优先、先宾后主的原则,顺时针方向依次为客人斟酒 ② 斟酒时,服务员侧身站在客人右后侧约 30 cm 处,酒标朝向客人 ③ 酒需倾倒至酒杯的 1/3 处,以确保酒应有的凉度,酒量满则不宜于客人细细品酒 ④ 每斟一杯白葡萄酒,在结束时需将酒瓶按顺时针方向轻转一下,使瓶口残留的酒液均匀地挂于瓶口的边缘,避免瓶口残留的酒液滴落在餐台上或客人的衣服上 ⑤ 为所有的客人斟完白葡萄酒后,将酒瓶轻轻地放回冰桶内 ⑥ 瓶中的酒只剩下一杯的酒量时,需及时征求主人的意见,是否准备另外一瓶酒

3. 服务香槟酒

服务香槟酒的操作标准与要求见表 3–13。

表 3–13　服务香槟酒的操作标准与要求

操作程序	操作标准与要求
取酒	① 从酒吧取出客人所点的香槟酒,核对酒瓶,确保正确的标签、酒水编号和酿酒日期 ② 检查酒瓶有没有灰尘和污点,将瓶身擦拭干净 ③ 将盛放冰块的冰桶和冰架放到客人桌旁,不影响正常工作的位置
示酒	① 向客人展示香槟酒时,服务员右手五指向下,用掌心托扶瓶颈,左手托住瓶底,送至客人视线平行处 ② 待客人确认酒品后,将香槟酒斜插于冰桶中,桶内盛放 $\frac{1}{3}$ 的冰块和 $\frac{1}{3}$ 的水,桶口应用折叠成形的三角口布覆盖
开启香槟酒	① 开启香槟酒时,瓶口应该朝向无客人的方向,用酒刀将瓶口处的锡纸割开去除,左手握住瓶颈,拇指压住瓶塞,右手捏住瓶口保险丝拧环处,轻轻向逆时针方向拧开保险丝并取下 ② 用叠成 $3\frac{1}{4}$ 的干净白色餐巾包住瓶塞,左手依旧握住瓶颈,右手握住瓶塞,双手同时反方向轻转并缓慢地上提瓶塞,直到瓶内气体将瓶塞完全顶出 ③ 在客人面前开启香槟酒时,应该尽量防止瓶塞离瓶时发出响声

操作程序	操作标准与要求
品酒服务	① 用餐巾将瓶口和瓶身上的水迹擦拭干净，将酒瓶用餐巾包住 ② 服务员用右手拇指扣捏瓶底凹陷部位，其他四指托扶住瓶身，左手持口布轻扶瓶颈处 ③ 向点酒客人杯中注入杯量 1/5 的香槟酒，交客人品尝 ④ 客人品完认可后，服务员需征求意见是否可以立即斟酒
斟酒服务	① 服务员从客人右侧按顺时针方向服务，女士优先，先宾后主 ② 每斟一杯酒时应分两次完成，第一次将酒斟至杯中 1/2 处，待杯中泡沫平缓后，再续斟至杯中 2/3 处，以免杯中泡沫溢出 ③ 为所有的客人斟完酒后，将酒瓶放回冰桶内冰冻 ④ 酒瓶中的酒只剩下一杯的酒量时，需及时征求点酒客人的意见，是否准备另一瓶酒 ⑤ 无论是将酒放在餐台上点酒客人的右手处还是放在客人右侧的酒桶架上，都应以不妨碍客人用餐、方便客人取拿酒瓶为基本原则

要点提示

① 服务员在为客人服务葡萄酒时，应站立于客人的右侧，按顺时针方向依次进行。

② 使用酒钻时，酒钻钻头钻入木塞的深度要适中。如果酒钻钻入的深度不够，在拔出酒钻时，可能弄断瓶塞；如果酒钻钻入的深度过大，刺穿了瓶塞，瓶塞屑就会掉进酒液里。一般情况下，酒钻的钻头最佳钻入深度为瓶塞的 3/4 处。

③ 红葡萄酒应进行醒酒服务。优质的红葡萄酒与空气接触产生的变化是非常丰富的，能将酒的香味完全散发出来。

④ 红葡萄酒用酒篮服务，白葡萄酒用冰桶服务。

⑤ 在斟倒红葡萄酒时，如果发现沉淀物已浮起，应停止斟酒，将酒瓶立起静置候用或过滤后使用。服务员要及时向客人说明情况。

⑥ 酒瓶中的酒只剩下一杯的酒量时，需及时征求点酒客人的意见，是否准备另一瓶酒。

⑦ 开启香槟酒时要注意安全，瓶口应对向无人区域，以防瓶塞飞出伤人。

⑧ 使用冰桶时，冰桶应装 3/4 的冰和水。

⑨ 注意葡萄酒的最佳供酒温度。香槟酒的最佳饮用温度为 4 ℃～8 ℃；白葡萄酒的最佳饮用温度为 8 ℃～12 ℃。

相关知识

客人点完菜点后，在为客人上菜之前，先应为客人斟倒一杯与之相搭配的葡萄酒。

在服务红葡萄酒时还要注意，存储年份较长的红葡萄酒易产生沉淀物，客人点用时需将酒过滤后再为客人服务。

过滤红葡萄酒的工作要求及程序如下。

① 准备所需设施设备。过滤红葡萄酒所用设施设备有烛台、蜡烛、火柴、过滤瓶、服务车、台布。

② 将蜡烛、过滤瓶和需要过滤的红葡萄酒整齐地摆放在铺有台布的服务车上。

③ 服务员将服务车轻推至客人桌旁。

④ 点燃烛台上的蜡烛。

⑤ 将需过滤的红葡萄酒轻轻开启，以避免瓶底的沉淀物浮起。

⑥ 左手拿过滤瓶，右手拿红葡萄酒酒瓶，借助烛光将红葡萄酒缓缓地倒入过滤瓶中。

⑦ 如观察到红葡萄酒中的沉淀物浮起，需将酒瓶静置一段时间后再继续过滤。

⑧ 将过滤完毕的红酒静置一段时间，让空气与酒充分接触，用过滤瓶直接为客人服务。

工作任务六：上菜和撤盘

程序与操作标准

上菜和撤盘的操作标准与要求见表 3-14。

表 3-14　上菜和撤盘的操作标准与要求

操作程序	操作标准与要求
传菜	① 传菜员负责从厨房取菜 ② 在上第一道菜之前，提前15分钟到厨房通知厨师准备好将要服务的菜肴，并告知菜肴所属客人的台号 ③ 核对制作完成菜肴的数量、火候、特殊要求和所配的调味汁是否与点菜单上的要求一致 ④ 将菜肴整齐地摆放于托盘或服务车上，加上菜盖；盛放调味汁的银盅放在垫有花纸的骨碟上

续表

操作程序	操作标准与要求
传菜	⑤ 将菜肴平稳地传入餐厅，确保汤汁没有溅出，菜肴在盘中没有移位 ⑥ 将传出的菜肴清楚地交给值台服务员
上菜	① 值台服务员礼貌地示意客人，提醒客人注意 ② 上菜时动作要轻，并保证所有菜肴的摆盘方向相对于客人一致 ③ 取下客人菜肴上的保温菜盖，如果盘子很烫，需礼貌地提醒客人注意 ④ 上菜时用右手拇指根部卡住盘边，从客人右侧按顺时针方向服务，将菜肴放置于刀叉之间，遵循女士优先、先宾后主的原则 ⑤ 向客人说明菜肴的名称
汁酱服务	① 服务员从客人的左侧上汁酱 ② 用一个骨碟托住汁酱盅放在左手，汁酱盅的盅口应朝向客人 ③ 左手稍向前伸，使汁酱盅靠近客人的餐碟，餐碟不能超过 5 cm ④ 用右手握住预先放在汁酱盅内的汁酱勺，用汁酱勺向内拨舀汁酱 ⑤ 慢慢将汁酱移向餐碟并淋在食物上，汁酱只能盖住食物的1/3 ⑥ 按逆时针方向依次服务
撤碟服务	① 西餐是吃完一道菜撤盘后再上第二道菜，要注意间隔时间不能太长 ② 根据判断，询问客人是否已用完这道菜 ③ 确认客人用完后，向客人示意："对不起，可以帮您撤下盘子吗？" ④ 从客人的右手边撤盘，撤盘时应做到轻声、快捷、整齐 ⑤ 撤盘后向客人示意以后再离开 ⑥ 准备下一道菜的服务
撤面包碟和黄油刀、胡椒瓶、盐瓶	① 用右手从客人左边清理面包碟 ② 将第一个面包碟放在左手上，扣在大拇指与食指之间 ③ 将第二个收起的面包碟放在左手掌及前臂的位置，碟边要盖过手掌中第一个餐碟，用无名指、小指及拇指后部和前臂托住餐碟 ④ 右手持黄油刀将面包碟中的残渣刮到第一个面包碟上 ⑤ 将黄油刀与第一个餐碟中的餐刀平行放置在一起 ⑥ 重复以上程序，清理所有的面包碟 ⑦ 用托盘将胡椒瓶和盐瓶撤下餐桌
清理面包屑	① 用左手托着餐碟，手放在餐碟底的中心 ② 从客人右侧清理面包屑 ③ 左手中的餐碟稍向下放置，使之略低于餐桌桌面，右手用一块折叠成方形的餐巾轻轻将桌上的面包屑扫入餐碟中 ④ 按逆时针方向清理面包屑

要点提示

① 在西餐服务过程中，上菜和撤碟是在同一个过程中完成的。吃完一道菜，撤盘后再上第二道菜，同桌的客人应同时上菜。

② 注意观察桌面，习惯上客人通常将刀叉平行放在盘子上，即表示用餐完毕可以撤盘；如果客人将刀叉放在餐盘边缘成"八"字形时，即暗示暂时离开，服务员不要撤盘。

③ 汁酱服务、清理面包屑通常是按逆时针方向进行的。

④ 在许多正式西餐中，在客人用完主菜后，除撤去面包碟和黄油外，还应撤走餐桌中央的胡椒瓶和盐瓶；清理面包碟和椒盐瓶时应分两圈完成，第一圈收面包碟，第二圈收椒盐瓶。

⑤ 如果使用三碟收盘方法，则将盘内的残渣刮到第二个餐碟上，而将黄油刀放在第一个餐碟内，然后把黄油碟依次叠放在已经清完的第三个餐碟上。

⑥ 清理面包屑之前应保证餐桌上的其他用具已经清理干净，在清理过程中注意不要去弹桌上的面包屑，只能朝餐碟的方向用餐巾轻扫。

相关知识

1. 上菜

一个优秀的西餐服务员不仅要懂得服务的程序和热情的待客之道，而且还要熟悉菜肴，要掌握每一道菜的烹饪知识。这不只是在为客人点菜时能够向客人作出详细的介绍，还能在服务中掌握上菜的时间，从而为客人提供优质、高效的服务。

西餐的上菜方式不同于中餐，由于西餐的用餐习惯需要在客人用完一道菜之后才能上下一道菜，所以控制上菜的时间尤为重要，这主要取决于客人的用餐速度和气氛、厨房的烹饪时间、厨房和餐桌的距离三个方面。

最为理想的上菜时间是在客人用完一道菜之后相隔半分钟至一分钟的时间，这就要求服务员和厨房密切配合。否则的话，过早地烹饪出菜肴后会影响菜式的口味，而出菜太慢则会引起客人的投诉。

2. 撤碟

正式的西餐用餐过程中，要求同一桌的客人同时上菜、同时撤碟，这对于零点的客人来说会有一定的难度，因为这和宴会中已有的固定菜单不一样。在零点餐厅中，可能每个客人所点的菜的道数都不一样，即使是两个客人同时用餐，可能会出现一位客人点了一道餐或两道餐，而另一个客人点了三道餐，这时的服务就会有一定难度。在这种情况下，服务过程中通常应遵循以下惯例。

① 不管客人点了几道菜，必须保证所有客人的第一道菜同时上桌。

② 如果同桌客人点菜的道数不同，则以点菜少的客人的第一道菜来平衡点菜道数多的客人的第一道和第二道菜。

③ 保证所有客人所点的最后一道菜同时上桌，同时撤碟。

④ 如果同桌客人点菜道数相差太大，如一个客人只点一道菜而其他客人有三道菜，则将点一道菜的客人的餐碟与其他客人的第三道菜的餐碟一起撤下。

通常情况下，西餐的撤碟方法有两种，具体操作如下。

(1) 两个碟的撤碟方法

① 从主人右边的第一个客人开始撤碟。

② 站在客人椅子的右后方，身体略向前倾，用右手拿起餐桌上的餐碟及刀叉。

③ 将餐碟放在左手上，扣在大拇指及食指之间，用大拇指压住餐叉柄的尾部，然后用餐刀将碟中吃剩的食物刮向餐碟的前部。

④ 将餐刀从右角插压在餐叉的下面。

⑤ 按逆时针方向撤碟，站在下一位客人的后面，左手握住餐碟放在客人的背后，身体略向前倾，收起餐桌上用过的餐碟及刀叉。

⑥ 把收起的餐碟放在左手掌及前臂的位置，碟边要盖过手掌中的第一个餐碟，用无名指、小指及拇指后部和前臂托住餐碟。

⑦ 然后把餐碟中的餐叉平行放在第一个餐碟中，用餐刀将第二个餐碟中吃剩的食物刮到第一个餐碟中与其他剩物堆在一起。

⑧ 将餐刀同样并排放在第一个餐碟中。

⑨ 按逆时针方向依次服务，按照上述的方法先将餐碟收下，叠放在第二个餐碟上，然后把刀叉摆放在第一个餐碟上。

(2) 三个碟的撤碟方法

三个碟的撤碟方法与两个碟的撤碟方法大致相同，所不同的只是将吃剩的食物和用过的刀叉分别收在两个不同的餐碟上。具体操作如下。

① 从主人右边的第一位客人开始。

② 站在客人椅子的右后方，身体略向前倾，用右手拿起用完的餐碟，将餐碟放在左手，扣在大拇指及食指之间，用大拇指压住餐叉柄的尾部，然后用餐刀将碟中吃剩的食物刮向餐碟的前部。

③ 将餐刀从右角插压在餐叉的下面，按逆时针方向依次撤碟。站在下一位客人的后面，左手握住餐碟放在客人的背后，身体略向前倾，收起餐桌上用过的餐碟及刀叉（以上程序与两个碟的撤碟方法完全相同）。

④ 将第二个餐碟放入左手掌心，使第一个餐碟的碟边压着第二个餐碟的碟边，同时用无名指和小指托住，然后把餐叉平行放在第一个餐碟上，用餐刀把第一个餐碟中的剩物刮到第二个餐碟中，再把餐刀平行放在第一个餐碟上。

⑤ 按逆时针方向顺依次撤碟。

⑥ 将收下的第三个餐碟放在前臂，搁在第二个餐碟边上面，把餐叉一起平行放在第一个餐碟上，再用餐刀将剩物刮到第二个餐碟中，把餐刀一起平行放在第一个餐碟上。

⑦ 按逆时针方向依次收碟，将餐碟叠放在第三个餐碟上，依照上述的方法逐个将剩物刮入第二个餐碟中并平行摆放刀叉。

工作任务七：推荐甜品及服务甜品

程序与操作标准

推荐甜品及服务甜品的操作标准与要求见表 3-15。

表 3-15 推荐甜品及服务甜品的操作标准与要求

操作程序	操作标准与要求
递送甜品单	① 从服务台取来甜品单 ② 翻到甜品单的第一页 ③ 走到桌边，从客人右边双手递上甜品单
点甜品	① 通过介绍，推销甜品 ② 依次为客人点甜品 ③ 如有必要，可以绘制餐位图，记下客人所点的甜品及特殊要求 ④ 重复客人所点甜品及特殊要求，确保点单准确无误 ⑤ 向客人致谢并收回甜品单 ⑥ 示意后离开餐桌
进行甜品服务	① 将客人所点的甜品开单后传入厨房 ② 取一个干净的托盘，从服务台按照客人所点的甜品将所需的餐具依次放在托盘上 ③ 按照点菜时所画的餐位图，依次更换餐台（见工作任务一） ④ 服务时用右手从客人右侧按顺时针方向进行，女士优先，先宾后主

要点提示

① 同桌客人的甜食需同时服务。

② 上甜品的时候不要忘记上冰水。
③ 在为客人服务甜品时，糕点尖部应朝向客人。

相关知识

1. 甜品车的服务工作程序

有的酒店在服务甜品时，采用甜品车服务，其服务程序如下。
① 开餐前清洁、检查甜品车，确保车辆整洁、牢固、无破损。
② 在车辆的各层隔板上铺垫干净的台布。
③ 准备一定数量的甜品盘摆放在车的最下层，盘内清洁、无水渍、指印和污渍，摆放要整齐、稳固。
④ 准备一定数量的甜食叉、勺，摆放在铺有干净餐巾的银盘上，放于车辆的第三层，摆放整齐，叉、勺擦拭光亮。
⑤ 开餐前15分钟，将厨房备好的甜品按颜色、式样搭配好，摆放于车顶部上、下二层隔舱内。
⑥ 将厨房准备好的各种果仁和水果配料放在铺有干净餐巾的银盘上，置于车的第三层。
⑦ 将甜品车轻推至客人桌旁，车正面朝向客人，缓慢打开第一层、第二层隔舱，向客人展示甜品并主动介绍。
⑧ 待客人确定品种后，小心切取甜食，装入甜品碟。注意不要让渣屑和汁液掉落于车上和地毯上。
⑨ 将甜品碟小心摆放在客人面前的台面上，糕点尖部朝向客人。
⑩ 服务时用右手从客人右侧按顺时针方向进行，女士优先，先宾后主。
⑪ 餐后将车推至厨房，取出甜品送还厨房。

2. 奶酪的服务工作流程

① 通知厨房准备好奶酪展示盘。
② 准备好服务主盘、服务刀叉、饼干、法式面包。
③ 准备好客用餐具：小刀叉、面包盘、黄油碟、盐瓶。
④ 将奶酪盘放于服务车上，推到客人的餐桌前向客人展示，以供其挑选。要向客人说明各种奶酪的名称。
⑤ 用服务刀和服务叉将客人挑选的奶酪切成三角形。
⑥ 配盘时每盘奶酪为3～4块，另配以水果、蔬菜条和饼干。

⑦ 服务时用右手按顺时针方向进行，女士优先，先宾后主。
⑧ 服务完毕后，及时询问客人是否需要法式面包、酒或红葡萄酒佐餐。
⑨ 向客人示意后将服务车推至厨房。

工作任务八：服务咖啡/茶及糖、奶

程 序与操作标准

服务咖啡/茶及糖、奶的操作标准与要求见表 3-16。

表 3-16　服务咖啡/茶及糖、奶的操作标准与要求

操作程序	操作标准与要求
准备工作	① 准备好咖啡杯、咖啡碟、糖缸、奶盅，咖啡机处于预热状态 ② 准备好各种茶和咖啡豆 ③ 准备好咖啡勺 ④ 准备好新鲜的小甜点
服务咖啡/茶	① 将干净的咖啡杯具或茶具放在托盘上，托至于餐桌旁，摆放在客人台面上，服务时应站立于客人右侧服务 ② 如客人只喝咖啡或茶，杯具应放于客人正前方 ③ 如客人同时食用甜品，杯具应放于客人右手侧 ④ 服务员用右手从客人右侧按顺时针方向服务，女士优先，先宾后主 ⑤ 咖啡/茶倾倒至杯的 3/4 处
服务糖和奶	① 给客人服务完咖啡/茶后需服务糖和奶 ② 左手端盘从客人右边询问客人糖和奶的用量 ③ 给客人杯中加入糖和奶 ④ 服务完毕后，将糖缸和奶盅放于台面中间便于客人取用的位置
服务小甜点	① 用餐完毕的客人在饮用咖啡/茶时需服务小甜点 ② 小甜点放在铺有花纸的甜食盘上，摆放需整齐、美观 ③ 服务时需示意客人 ④ 将甜点盘放于糖缸和奶盅的旁边

要 点提示

① 确保提供给客人的咖啡/茶是新鲜、滚热的。

② 咖啡/茶斟倒 3/4 杯为宜。
③ 在向咖啡/茶中加入糖或奶时,应先加入糖,再加入奶。

相关知识

咖啡/茶是西餐菜式中的最后一道。虽然咖啡/茶只是热饮,但其在西餐中是必不可少的。西餐中绝大多数的茶是以茶包的形式冲泡,通常在上茶的服务中,需要有奶、柠檬及糖,这是西方客人喝茶的习惯。

案例分析

黑椒牛柳扒

某四星级酒店的西餐厅来了6位年轻的客人,看样子他们是老朋友相聚。其中,客人A是酒店的常客,点菜时他向另外5位客人介绍、推荐餐厅的"黑椒牛柳扒",于是,每位客人都各点了一份"黑椒牛柳扒"。上菜后,有人称赞菜肴味道很好。但是,客人B却说:"这牛柳好像有点变质"。闻听此言,宛如平地一声惊雷,另5人均在自己的盘子里切下一小块牛柳,小心翼翼地放在嘴里细细咀嚼,然后顾盼相望,目光中交流着疑问,却没有一人将嘴里的食物吐出。B君见状,也切下一小块放入口中,瞬间吐出,他把自己的盘子送到A君面前,请他鉴别。A君闻了闻,又尝了尝,向穿着黑制服的餐厅主管招了招手。

A君:"这份牛柳扒变质了。"

主管:"我们这里是不会出售变质食品的。"

众人:(生气地、七嘴八舌地)"你的意思是我们说假话?你想赖?不像话!你敢吃下去吗!"

主管:"这样吧,我把它端回厨房,请厨师鉴别一下。"

不一会儿,主管空手走出。

主管:(看到已有其他客人在津津有味地吃着牛柳扒,灵机一动,微笑着)"我们餐厅的'黑椒牛柳'是师傅最拿手的,味道怎么样?"

众人:"还可以。"

B君:"刚才那份牛柳扒是不是变质了?"

主管:"师傅正在鉴别。不过我想您是不想再要那份牛柳扒了,是吧?"(不等B回答)"先生如果还是想点牛柳扒,那我很抱歉,因为这么多牛柳都是从一整块牛肉上切下来的,再做一块的话也是与刚才那块一样的。"

众人："那为什么这些都是好的，只有那块坏呢？一整块牛肉能做那么多份吗？"
A君："这样吧，刚才那份我们肯定是不要了，你给他换份猪扒吧。"
主管："好的。打扰各位了，真不好意思，这份猪扒是酒店免费赠送的。各位请慢用。"

评析

客人投诉牛柳扒有问题，主管马上拿进厨房进行鉴别，做得很对。遇到此类问题，切莫当众自己来鉴别，否则就无进退的余地了。但如果是鉴别酒类饮品，则应请行家当众来鉴别，以免继续纠缠在同一话题上，引起更大的纠纷。主管引开话题，避重就轻，一方面让客人自己说说酒店的好处，另一方面也是对客人"识货"的夸奖，并暗示客人另点菜肴，客人显然也不想吃得不痛快，只是想发几句牢骚后就转移话题了。

服务是一门艺术，适时地转移话题、调和气氛等都需要技巧和灵活的处理。

3.1.4 餐后结束工作

实训目的

通过对结账与收银服务、送客与收尾服务基础知识的讲解和操作技能的训练，使学生了解结账的种类以及送客与收尾服务的要求，掌握结账与收银服务、送客与收尾服务的程序和标准，达到能够熟练而准确地为客人结账、熟练地提供送客服务的能力。

实训方法

按西式零点与客人结账的方式、内容以及送客与收尾服务的各种要求设计模拟场景。首先由教师示范讲解，然后学生动手操作训练。在学生操作训练过程中，教师进行指导，学生反复强化训练，达到熟练掌握操作技能的目的。

实训准备

结账单、现金、支票、信用卡、账单夹、笔、方台（100 cm×100 cm）、靠背椅、托盘、餐巾、白台布（160 cm×160 cm）、咖啡杯/茶杯、咖啡碟/茶碟、冰水杯、烟灰缸。

实训内容

① 结账与收银服务；

② 送客与收尾服务。

工作任务一：结账与收银服务

程 序与操作标准

结账与收银服务的操作标准与要求见表3-17。

表3-17 结账与收银服务的操作标准与要求

操作程序	操作标准与要求
一般结账程序	① 在上完咖啡/茶以后，随时留意客人是否要结账 ② 当客人示意结账时，首先要回应客人，表示已知道他们要结账 ③ 到收银台，报出桌号，拿到账单 ④ 检查账单上的桌号、内容及消费总金额是否正确 ⑤ 把账单放入账单夹内，将账单夹放在托盘上 ⑥ 在账单夹内要放有供客人签字的笔 ⑦ 走到客人面前，站立于客人的右侧，双手将账单打开，请客人过目 ⑧ 用手示意账单的总数，注意不能读出声音来，请客人查单
现金结账程序	① 客人支付现金时，服务员礼貌地在餐桌旁当面检查收到的现金数额 ② 在账单的左下角写上收到的金额，并与客人核实 ③ 把账单和现金放入账单夹并交给收银员 ④ 检查核对收银员交回的找零金额，并把它放到客人发票的上面 ⑤ 服务员站立于客人的右侧，将零钱交还给客人。交还零钱时应将账单夹打开出示给客人或直接放在客人面前请客人确认。当客人确认无误后向客人表示感谢，示意离开
签单结账程序	① 当客人要求签单结账时，服务员应礼貌地要求客人出示房卡 ② 将签字笔双手递给客人，请客人填写姓名、房号 ③ 感谢客人，将客人签好的账单第一时间交与餐厅收银，使用餐厅计算机系统确认客人的姓名和房号
信用卡结账	① 当客人使用支付信用卡的方法结账时，服务员应双手从客人手中接过信用卡，检查有效期 ② 把账单和信用卡放入账单夹，交给收银员处理 ③ 收银员将信用卡在POS机中核实有效性；如果此卡有密码，则需要请客人在POS机上输入密码 ④ 从收银员处拿回信用卡、账单和信用卡账单联 ⑤ 账单的背面必须有信用卡刷过的印痕 ⑥ 走到客人的右侧，打开账单夹，把笔双手递给客人，让持卡客人在信用卡账单联和餐厅账单上签名

续表

操作程序	操作标准与要求
信用卡结账	⑦ 检查、核实签名是否一致 ⑧ 将信用卡账单联中客人保存的一联撕下，和客人的收据叠在一起，双手把信用卡、客户联和收据递给客人 ⑨ 向客人感谢，示意离开

要点提示

① 服务员在服务过程中应注意察言观色，注意客人举动，得到客人要结账的信息时，应迅速将账单从收银台中取出，切忌催促客人结账。

② 在西餐中上完咖啡/茶后，通常就可以为客人准备账单，以免客人结账时让客人久等。

③ 客人使用挂房账的方法即表示客人为住店客人，餐厅的账将和客房的账一起在饭店的前台结算。

④ 为客人结账时切记不可大声读出消费金额，应用手示意账单的总数。

⑤ 大多数的餐厅都不太接受支票或挂账等其他的结账方法，除非在了解了客户的详细信息与信用能力以后，才会接受支票或挂账的结账方式（如旅行社、具有长期合同关系的公司等）。

相关知识

西餐厅的结账一般都采用独立的计算机软件系统。账单的目的一方面是向客人提供消费的明细和总数，另一方面也是餐厅的控制系统之一，管理人员可以通过软件中各类菜式的销售记录来了解客人的喜好并对菜单作出有效的调整。

为了保证高效的服务，服务员应在客人准备结账前预先将账单准备好以备客人随时结账。一个优秀的服务员应该随时留意客人结账的信号，以免因等候时间过长而引起客人的投诉。

通常在客人没有示意结账前，服务员是不应该将账单递给客人的。如果将打印好的账单预先摆放在客人的餐桌上，会使餐厅的服务质量大打折扣。西餐厅里通常只有在早餐的时候才会在咖啡厅将账单预先摆放在客人的餐桌上，因为早餐客人用餐的时间十分紧张，而且不太会有宴请之类的活动。当然，如果是商务早餐或是早餐宴请的情况，账单则不能预先摆放在餐桌上。

工作任务二：送客与收尾服务

程序与操作标准

送客与收尾服务的操作标准与要求见表3-18。

表3-18 送客与收尾服务的操作标准与要求

操作程序	操作标准与要求
送客服务	① 客人结账后，需时刻注意客人是否有离开餐厅的迹象 ② 当客人示意要起身时，及时上前为客人拉开椅子 ③ 拉椅时操作应轻，不要碰到客人 ④ 向客人表示感谢 ⑤ 如果可能，要为客人拿起私人物品，帮助客人披上外套 ⑥ 迅速扫视台面及四周，看是否有客人遗留的物品 ⑦ 陪同客人走向出口，再次表示感谢
清洁整理餐桌	① 将餐椅放回到正确的位置 ② 将餐桌上的餐巾折叠收走 ③ 从服务台拿一个托盘，撤走用过的咖啡/茶杯和烟灰缸 ④ 如果餐桌使用台布则更换台布 ⑤ 如果餐厅不使用台布则应仔细将餐桌擦拭干净 ⑥ 根据要求重新摆台

要点提示

① 客人用餐完毕，离开餐厅的最后印象和第一印象同样重要，服务员送客时必须热情、友好和真诚。

② 服务员在收咖啡杯/茶杯时，如果有多个咖啡杯/茶杯，可以将咖啡杯/茶杯和底碟分开摆放或重叠摆放，这样可以在托盘中节省空间。

③ 不要将玻璃器皿和瓷器混装，也不能将玻璃杯叠放。

④ 胡椒瓶和盐瓶重新摆放到餐桌时要检查里面的胡椒粉和盐是否足够，瓶身是否干净光亮。

⑤ 整理清洁完餐桌后应安排补充必要的餐具，以备下一次服务时再用。

相关知识

客人离开餐厅后并不代表服务员的工作已经完成了，这时的服务员应该迅速将用过的餐桌整理打扫干净并摆台，准备迎接新的客人。繁忙的餐厅要求服务人员在客人离开餐桌后马上重新摆台，这样可以使餐厅尽快地翻台，增加餐位周转率。

案例分析

盘子该不该收

某个夏日，南京某四星级酒店亚洲风味餐厅里，晚餐时间客人非常多，服务人员都忙得手脚不停，到了接近营业结束时间，客人们才渐渐离去，大伙这才缓了口气。这时，服务员李京环顾了一下餐厅，看到有一位先生与一位小姐还坐在那儿聊天。小李走近餐桌一看，盘子里的食物没有多少了，两位客人也不再吃了，他自认为客人吃好了，便想把他们桌子上的盘子撤掉，只留冰水，以便为客人提供更好的谈话环境。

小李走过去为客人续添了冰水，对客人说："如果您不吃了，我可以把这些盘子撤掉吗？"谁知客人一听不高兴地说："你的意思是不是让我们走啊？"小李连忙道歉："对不起，我不是这个意思，请您慢用！"客人这才消了气。时间不长，两位客人看看餐厅就剩下他们了，才起身离开餐厅。

评析

凡事要善始善终，毕餐服务是留给客人的最后一个印象，许多服务的失败都是不重视这类"收尾服务"而造成的。

餐厅到了毕餐时间，客人不走，坐在那儿悠闲地聊天，是最让服务员着急的事。有些服务员着急下班，不顾客人用餐的具体情况，一味催促，或强行撤盘收碗，或大搞餐厅卫生等，都是错误的做法，是最易惹恼客人的做法。因为这样就是变相赶客人，极易激怒客人而导致投诉。

一般情况下，西餐厅服务中，可以通过客人对刀叉的摆放来判断客人是否用餐完毕。按照传统情况，如果客人将刀叉平行地放在盘子上，即表示用餐完毕可以撤盘；如果客人将刀叉放在餐盘边缘成"八"字形时，则表示暂时离开或没有用餐完毕，服务员不要去撤盘。服务人员如果不能通过传统惯例判断出是否应该撤盘，可采取如下解决办法：若客人已经吃好，或看到桌上虽然有菜但半天客人都没有再吃的情况时，服务员可以用商量的口吻来问："请问，您吃好了吗？这些盘子可以撤了吗？"客人同意后方可撤下。若客人没有吃好，要耐心等待客人就餐完毕后再撤餐具。若客人盘中菜肴所剩无几,盘子也不多,就不要急于撤下,因为这不多的盘与菜是客人能继续坐在餐厅的理由,若服务员将其全部撤光,客人即使有事情未谈完,也不好意思再坐下去,会认为服务员故意赶他们走,会不愉快地离店,且对餐厅留下不良的印象。若餐厅毕餐已久,客人仍聊天不走,服务员应婉转地提醒客人,因为或许客人不知道餐厅的毕餐时间,或许因为谈话而忽视了时间,服务员客气礼貌地提醒客人,客人是愿意接受的。若客人到店较晚,刚用餐不长时间就到了毕餐的时间,餐厅管理人员应派服务员加班值台服务,服务员不得催促客人,直至客人用餐完毕。

总之,对餐厅毕餐后客人不走的情况要具体分析,灵活处理,千万不能因急于下班而伤害客人。

3.2 西餐宴会服务

实训目的

通过对西餐宴会服务基础知识的讲解和操作技能的训练,使学生了解和掌握西餐宴会服务4个环节的主要工作内容与要求,掌握相关的服务技能,达到能够热情、准确、熟练为客人服务的能力。

实训准备

设备:模拟西餐厅、西餐宴会台、酒水车等。
用品:各种托盘、西餐各种餐具、酒具、茶具、服务用品等。

实训方法

按照西餐宴会服务的4个基本环节设计场景模拟训练。首先由教师示范讲解,然后学生动手操作训练。在学生操作训练过程中,教师进行指导,学生反复强化训练,达到熟练掌握操作技能的目的。

实训内容

① 西餐宴会预订;
② 西餐宴会服务。

工作任务一：西餐宴会预订

程序与操作标准

西餐宴会预订的操作标准与要求见表3-19。

表3-19 西餐宴会预订的操作标准与要求

操作程序	操作标准与要求
准备工作	① 按照酒店规定着装，准时到岗 ② 参加班前会 ③ 查看交接班记录，处理未尽事宜 ④ 查看宴会、团队用餐更改通知单，并准确迅速发至各营业点 ⑤ 核对宴会记录，分送宴会通知单至各个餐厅、厨房、酒吧、总经理室、大堂处、前台问询处、客房及总吧台
问候客人	① 以规范的礼貌用语问候客人，并自报部门名称 ② 如是电话预订，要求在电话铃响三声之内拿起电话 ③ 无论客人来店当面预订还是电话预订，都应面带微笑、亲切地给客人介绍情况，回答客人提出的问题
接待介绍	① 向客人介绍酒店特色，尽量满足客人的各种要求 ② 耐心倾听客人提出的问题，适时进行介绍，当好客人的参谋。不能说："不知道"、"不行"、"没有"等。如当即回答确有困难，应马上向客人道歉，并设法在十分钟内弄清楚并告知客人 ③ 对当面预订的客人，除了口头介绍外，还应提供菜单和陪同客人实地考察等服务
受理预订	① 详细了解客户的单位名称、宴会目的、用餐时间、出席人数、宴会性质、宴会标准、联系电话、结账方式等客户要求和有关信息 ② 订餐洽谈和签约时，要明确宴会承办的各个细节，包括约定客人观看宴会厅、宴会厅的布置要求，了解客户的特殊要求 ③ 客人订餐时应避免催促，给订餐者充足的考虑时间 ④ 向客人提供宴会活动布置的平面图、菜单、预算单等
确认预订	① 客人无其他要求后，应礼貌地将预订情况向客人复述一遍，以便核对 ② 详细填制宴会预订单，请客人签字；不论是中文还是外文的订单，书写都必须规范、清楚 ③ 客户预订大型宴会，应送交营销部经理或餐饮部经理签发宴会确认书，再交客户签字确认 ④ 收取订金，并开出收据 ⑤ 在宴会活动日记簿上按日期标明活动地点、时间、人数等事项，并标注是否需要确认的标记

续表

操作程序	操作标准与要求
致谢送客	礼貌地向客人致谢,并将客人送至电梯口或门口
发出通知	① 预订确认后应开出预订单,并发至相关部门做好餐前准备。经过认可的菜单、饮料、场地布置示意图等细节资料,应以确认信的方式迅速送交客人,附上一、二两联"宴会合同书"。将客人的特殊要求通知宴会厅主管和厨师长 ② 对于提前较长时间预订的宴会,应主动用信函或电话方式与客人保持联络,进一步确认日期及有关的细节。对暂定的预订应进行密切跟踪查询
建立档案	将预订单分为"待确定"和"已确定"两类入档,按时间顺序排列。在宴请活动前两天,必须设法与顾客联系,进一步确定已谈妥的所有事项
更改、督察	① 任何与宴请有关的变动都应立即填写"宴请变更通知单",发送有关部门,变更通知单上需写明原来预订单的编号并及时通知有关部门 ② 宴会销售预订员有责任督促检查当日大型宴会活动的准备工作,发现问题随时纠正
取消预订	如果客人取消预订,预订员应填写"取消预订报告",送至有关职能部门,并为不能提供服务而向客人表示遗憾,希望今后能有合作的机会

工作任务二:宴会服务

程序与操作标准

西餐宴会服务的操作标准与要求见表3-20。

表3-20 西餐宴会服务的操作标准与要求

操作程序	操作标准与要求
开餐准备	① 按照酒店规定着装,准时到岗 ② 搞好宴会厅的卫生,将自己工作区域的卫生清扫干净,做到无污渍、杂物,按宴会通知单要求完成宴会场地、台形、台面布置等工作 ③ 按出席人数、菜单摆好餐台,备好餐、酒用具,并逐项检查,确保餐酒用具清洁、光亮、无缺口;摆上鲜花、银烛台等装饰品,美化席面 ④ 检查宴会厅各种设备设施的运转状况,如有问题及时通知酒店有关部门处理 ⑤ 备好所有酒水,需要冰镇的要提前冰镇好,保证各种酒水符合饮用要求。备好足够的开胃品、面包、黄油、果酱等,在开宴前10分钟,把开胃品摆放在餐桌上,每人一盘。在少数情况下也有把开胃品集中摆放在餐桌上,由客人自取,或由服务员帮助分配的情况

续表

操作程序	操作标准与要求
开餐准备	⑥ 在摆开胃品时应考虑其荤素、特色、品味的搭配，盘与盘之间要留出一定距离，在客人杯中斟好冰水或矿泉水，在客人到达餐厅前5分钟，把面包放在面包篮里，黄油放在黄油碟中，全部客人的面包数量要求一致 ⑦ 自查：开餐前对各项准备工作进行一次全面检查 ⑧ 管理人员检查 ⑨ 将宴会厅门打开，宴会负责人带领迎宾人员在门口迎接客人，服务人员按规定位置面向门口站好
迎宾接待	① 客人到达时要礼貌热情地表示欢迎 ② 引领客人到休息室
餐前酒会	① 给客人送饮料前先征求客人的意见，根据客人要求送上餐前酒或饮料 ② 送饮料给客人时，如客人坐饮，要先在客人面前的茶几上放杯垫，然后放饮料杯；如客人是立饮，要先给客人餐巾纸，然后给客人饮料 ③ 休息室服务时间一般为半个小时左右。当客人到齐，主人表示可入席时，服务员要立即打开通往宴会厅的门，引领客人入席
引宾入席	① 宴会开始前5分钟左右，宴会负责人应主动询问主人是否可以开宴，经主人同意后立即通知厨房准备上菜，同时请客人入席 ② 值台服务员应精神饱满地站在餐台旁，并拉椅让座，注意遵循先宾后主、女士优先的原则 ③ 待客人落座后，为客人铺上餐巾
席间服务	① 西餐宴席上菜的顺序是：开胃菜，汤，鱼虾海鲜类菜肴，副菜，主菜，甜点和水果，咖啡或茶 ② 当客人准备用开胃冷菜时，服务员应配倒相应的酒水（冷菜开胃品一般与烈性酒相配）。当客人基本用完开胃品时就可撤盘，从主宾的位置开始，在客人的右手方向用右手连同刀叉一并撤下 ③ 上汤时汤盘下应加垫盘，然后从客人的右手方向用右手把汤上到客人面前，上汤的顺序是先女宾后男宾再主人。（以下各道菜上菜的顺序都是如此，斟酒的顺序亦如此） ④ 上鱼虾海鲜类菜肴前，先撤下汤盘和汤匙，为客人斟好白葡萄酒，然后上菜 ⑤ 上主菜时，一般配有几样蔬菜和沙司，此外还带有沙拉，盛主菜应用大号餐盘，盛沙拉应用生菜盘；服务员在上菜时，一定要将主要食物或菜肴最佳部分对着客人摆放，沙拉盘则放在客人的左侧；上桌前，先为客人斟倒红葡萄酒，上菜后紧跟沙司 ⑥ 上点心：吃点心用的餐具要根据点心的品种而定。热点心，一般用点心匙和中叉；烩水果用茶匙；冰激凌应将专用的冰激凌匙放在垫盘内同时端上去。吃点心时若有讲话，一般用香槟酒。斟香槟酒一定要在上点心或客人讲话之前全部斟好，以方便客人举杯祝酒 ⑦ 上干酪：干酪（cheese），一般由服务员分派，先用一只银盘垫上餐巾，摆上几种干酪和一副刀叉，另一盘摆上烤面包片或苏打饼干，送到客人左边，供客人自己选用。吃完干酪，应撤掉餐台上餐具、酒具，水杯和饮料杯不动

续表

操作程序	操作标准与要求
席间服务	⑧ 上水果：先上水果盘和洗手碗，然后将已装盘的水果端至客人面前，请客人自己选用 ⑨ 上香巾：客人吃完水果后，上香巾，按客人人数将香巾放在小垫碟中，每人一碟，放在客人的左侧 ⑩ 宴会席面服务基本结束，当主人请客人到休息室休息时，服务员应立即上前为客人拉椅，再去拉开休息室的门请客人到休息室就座
宴后服务	① 用餐结束，服务员热情引导客人到休息室休息。就座后，服务员开始上咖啡，另一服务员跟送糖、奶 ② 上咖啡后，服务员托上各种餐后酒品（如白兰地、蜜酒）以及巧克力糖和雪茄烟。注意雪茄烟不要让女宾 ③ 宴会接近尾声时，清点所用的饮料，算出总账。宴会结束时，请主人或其助手负责结账 ④ 及时为客人续斟一次咖啡和酒品，最后撤掉咖啡具，再上一次饮料，表示宴会结束，客人可自由退席。客人离开餐厅时，服务员应站在出口的一侧，热情欢送客人，并表示欢迎客人下次光临
收台整理	① 宴会结束后，应主动征求来宾或陪同人员的意见，认真总结接待工作，不断提高服务质量和服务水平 ② 客人离开后，服务员应及时检查台面及地毯上有无客人遗留的物品，有无燃着的烟头等。然后收拾宴会厅和休息室 ③ 收台时，一般按照先收餐巾、毛巾，然后玻璃器皿，最后金属餐具的顺序进行 ④ 高档餐具如金器、银器等要清点数量，注意收检保管好 ⑤ 打扫宴会厅卫生，并将餐台、装饰物等搬回原处，恢复宴会厅原貌 ⑥ 关好门、窗，关掉所有电灯

要点提示

① 上菜时，服务员要挺胸收腹，不依靠他物，呼吸均匀，向客人熟练地介绍菜品。

② 西餐宴会是在一种优雅的气氛中进行的，服务员要反应灵敏，注意自己的举止，步履要轻快，动作要敏捷干脆；不得大声与客人讲话，介绍菜肴或询问意见时的声音以客人能听清为准。背景音乐要柔和，为宴会厅创造一种美好的气氛和高雅的情调。

③ 上菜时严格根据宾主顺序，遵循先宾后主、女士优先、从客人右侧上菜的原则。

④ 在宴席开始前五分钟摆上黄油，分派面包。面包作为佐餐食品可以在任何时候与任何菜肴相搭配，所以要保证面包篮内总有面包。一旦面包篮空了，应立即给客人续添。

⑤ 按菜单顺序撤盘上菜。每上一道菜之前，应先将前一道菜的空盘及用过的餐具撤下。撤盘时服务员要留意客人餐具的摆放，如果客人将刀叉并拢放在餐盘左边或右边或横于餐盘上方，将汤匙纵放在汤盘里均表示不再吃了，可以撤盘；如果客人将刀叉呈"八"字形搭放在餐盘的两边，汤匙横放在汤盘里则表示暂时不需撤盘。西餐宴会要求等所有客人都吃完一道菜后才一起撤盘，并一起上菜。

⑥ 要从客人的右侧撤换餐具，不要在餐桌上刮盘或擦餐盘。要用右手撤盘，左手接盘，撤盘时刀、叉一并撤下，刀尖压在叉子下面。撤盘时不能一次撤得过多，过多或过重可能导致意外事故。撤下的餐具要马上放到附近的服务桌上，经整理后送至后台。

⑦ 无论采用那种菜肴服务方法，菜肴一般应让两次：第一次按先女宾后男宾、先主宾后主人，最后让陪客；第二次可以根据客人食用情况问让。

⑧ 如果餐台上的刀叉已用完，但尚有菜肴，应在让菜之前将刀、叉补齐。先斟酒，后上菜。斟酒时应把要斟的酒杯移到最右边，以方便客人饮用。

⑨ 上甜点、水果之前要撤下桌上除水杯、酒杯、饮料杯以外的所有餐具，并换上干净的烟灰缸。如上甜品，则应先摆好甜品叉、勺，水果则要摆在水果盘里，跟上洗手盅、水果刀、叉。

相关知识

1. 西餐宴会的概念

西餐宴会是指采用西方国家宴请所惯用的布置形式、用餐方法、风味菜点而举办的宴请活动。其主要特点是：摆西餐台面，吃西式菜点，多用刀、叉、匙进食，采取分食制，常在席间播放音乐。

西餐宴会的用餐需求多种多样，有的只需要供应简单的三明治以及咖啡和茶水，有的则是一顿丰盛的节日大餐。宴会的场所也是五花八门，室内、室外、私人花园、大礼堂等均可举办宴会。

2. 西餐宴会服务的现场指挥

做好现场指挥是西餐宴会服务的重要工作，也是保证西餐宴会服务质量的关键环节。西餐宴会服务的现场指挥要做好以下工作。

① 提前向宴会主办单位了解整个宴会需要的时间，以便安排宴会上菜的时间间隔，控制宴会进程。

② 了解宴会主人开始讲话和讲话所需的时间，然后据此和厨房取得联系，防止热菜刚一出锅，主人就开始讲话，结果主菜一上桌就凉了，影响菜点质量和客人需求。

③ 掌握宴会所用的一般菜点和重要菜点烹饪制作所需要的时间，以便按照菜单和上菜顺序与厨房联系，按时、按顺序上菜，防止客人等候时间过长而影响服务质量。

④ 掌握主宾席和其他餐台进餐情况，使各个餐台和主宾席的进餐速度相照应。防止部分餐桌进餐速度过快或过慢，造成互相等候、互相观望，影响宴会服务气氛。

例分析

客人偷拿了银具

一高档西餐宴会中，资深服务员梅子为台湾客人服务。酒至半酣，客人廖先生见餐桌上的银制餐具非常精美，便顺手拿起一把主餐勺塞进自己西装内侧衣兜里。梅子看到后，没有向客人挑明，而是在宴会快结束时，手拿一套精致的、带有餐厅店徽的餐具递给廖先生，说："先生，您好！听说您非常喜欢我店的银制餐具，我们经理很高兴，特为您准备了一套，已经在您的账单上记下了。"

廖先生一愣，马上反应过来，就着台阶下来："谢谢你们经理的关照，今天酒喝多了，有失礼节的地方请多包涵。"

就这样，服务员巧妙地让客人买了一套小件银餐具，而且是先将与客人装入衣袋的那件相同的抽出来。服务员以自己高超的服务技巧、在不伤客人情面的情况下，巧妙地保护了餐厅利益。

评析

在西餐宴会开放式服务的环境下，经常会发生客人拿取餐厅物品的事情。作为服务员应该正确区分客人索取物品的性质。餐厅物品分为三类：一类是餐厅的免费用品，如茶叶、火柴、牙签、餐巾纸等；一类是餐厅的补给品，客人可以使用但不能带走，如衣架、餐具、小毛巾等；还有一类是计费用品，如酒水、饮料等。服务员应根据客人所拿物品的性质采取相应的对策。

如果客人确系偷拿饭店物品，服务人员必须追回，但要注意方式方法和分寸，尽量不在大庭广众之下索回，在语言上应言辞含蓄婉转，不采用过激言词。当然，对于情节恶劣的、所拿物品属比较贵重的，应处以罚款。

本案例中，服务员梅子的处理方法得当，用词婉转，讲究服务语言艺术，用"喜欢"代替"偷窃"，用"赠送"代替"被偷"，用"记账"代替"罚款"，避免了服务员与客人之间可能发生的冲突。

需要注意的是，本案例中服务员梅子采取的方法是一特例，不易普遍采用，而且让客人买下餐具的做法要慎用，防止发生冲突。处理此类问题的最佳办法是事先提醒客人，预防为主，若发现客人偷拿酒店物品，应采取暗示的办法让客人归还。

第4章 酒吧服务

4.1 营业前的准备

实训目的

通过对酒吧营业前准备工作基础知识的讲解和操作技能的训练,使学生掌握主酒吧营业前的工作内容及要求,达到能熟练掌握工作标准的能力。

实训方法

首先由教师示范讲解,然后学生动手操作训练。在学生操作训练过程中,教师进行指导,学生反复强化训练,达到熟练掌握操作技能的目的。

实训准备

设备:模拟酒吧、模拟吧台、咖啡桌/椅、酒水车。
用具:各种托盘、各种酒吧用具、各种空酒瓶。

实训内容

① 吧内清洁及营业区准备;
② 吧内物品的补充及摆放;
③ 各种杯具的擦拭。

工作任务一：着装上岗、吧内清洁及营业区准备

程序与操作标准

着装上岗、吧内清洁及营业区准备工作的操作标准与要求见表4-1。

表4-1 着装上岗、吧内清洁及营业区准备工作的操作标准与要求

操作程序	操作标准与要求
整理仪容、着装上岗	① 提前15分钟到岗，按规定穿好制服，工牌戴在左胸上方，易于客人辨认 ② 检查个人卫生，男吧员应保持面部干净，女吧员应保持清雅淡妆，不得将长发披在肩上，头发应按规定塞入发网，指甲剪短，工作时间不得佩戴饰物 ③ 着装检查完毕、走出更衣室之前，面对穿衣镜检查自己的微笑，以保证上班期间有一个良好的精神面貌
领取吧台钥匙及本吧相关物品	① 领取吧台钥匙 ② 领取工作日记和有关文件；查看工作日记交接中所登记的需领物品及水果 ③ 检查"领用情况登记表" ④ 检查物品密封包装是否完好
准备开吧	① 将酒吧内所有的灯打开，检查酒吧有无异样，检查各锁是否完好，注意安全防盗 ② 打开酒吧所有柜门，将钥匙、锁头、锁牌统一整齐摆好
清洁吧台及吧内设施	① 用湿布和消毒液擦拭台面，然后用干布擦干，使吧台保持干净、无尘、无水渍 ② 清洁不锈钢操作柜，使其干净、无水渍，并铺上干净的白柜布 ③ 清洁酒架，使酒架无尘土和水渍。检查酒架是否牢固 ④ 清洁冰柜，使冰柜内无积水和污物，外表光亮 ⑤ 清洁储冰柜，使其干净整洁，表面洁净光亮，检查储冰柜的排水口是否堵塞、有异味，如发现问题，应及时处理 ⑥ 清洁咖啡机，将咖啡机内置水箱加满足够的水，将内置垃圾盒内的残渣清理干净 ⑦ 检查所有电器设施是否能够正常使用
营业区域的清洁及桌面摆放	① 检查地毯是否干净，有无起包、损坏等情况 ② 用湿布和消毒液擦拭所有咖啡桌和咖啡椅，使桌椅保持干净、整洁、无尘、无水渍并保持牢固 ③ 摆放桌面用具并使店徽朝向客人 ④ 在吸烟区内的餐桌上摆放烟灰缸，烟灰缸边沿放一盒火柴，火柴上的店徽朝向客人 ⑤ 桌面正中摆放一个花瓶，花瓶侧面摆放酒水单。酒水单从中页打开呈90°角，立放在每个咖啡桌上

工作任务二：吧内物品的补充、摆放和准备

程 序与操作标准

吧内物品的补充、摆放和准备工作的操作标准与要求见表 4-2。

表 4-2 吧内物品的补充、摆放和准备工作的操作标准与要求

操作程序	操作标准与要求
补充酒水	① 根据酒吧库存量领取各种酒水 ② 各种酒水分类摆放整齐 ③ 遵循"先进先出"的原则，保证先存放进冰柜的酒水先售出
摆设酒架	① 将所有需要上架的酒水擦拭干净，商标无破损，瓶口干净无污渍 ② 摆放时所有商标正面朝向客人。名贵的酒摆在显要位置，各种酒水分类摆放整齐，错落有致
准备调酒装饰物	① 凭订单从收货部领取新鲜的水果和蔬菜（如柠檬、芹菜等） ② 清洗装饰物，使其干净、新鲜 ③ 将柠檬切成 3 mm 厚的半圆片和一部分整圆片，再切 4~6 个柠檬角 ④ 准备芹菜杆，切成 10 cm 长，切橙角，用鸡尾签连上樱桃 ⑤ 将所有做好的装饰物放在盘内或杯内，用保鲜纸包好，存放在冰箱中
准备小吃	① 检查小吃质量，保证不过期、不变质 ② 服务时应将小吃装在专用盘中
准备冰块	① 用冰铲从制冰机中取出冰块，倒入储冰柜中备用 ② 冰铲应与冰块相隔离 ③ 冰块应方整、无异味
摆放杯具及调酒用具	① 将调酒所需用具及器皿摆放于操作台上，放置合理，伸手可及，便于工作 ② 根据预计的客流量和使用的频率来确定所需杯具的数量 ③ 摆在指定位置，倒扣在干净的柜布上

工作任务三：擦拭杯具

程 序与操作标准

擦拭杯具的操作标准与要求见表 4-3。

表 4-3　擦拭杯具的操作标准与要求

操作程序	操作标准与要求
准备工作	① 将杯具在洗杯机中清洗、消毒 ② 选用清洁、干爽的餐巾 ③ 保持摆放杯具的台面清洁，并用餐巾垫在表面 ④ 酒桶放好热水
擦拭杯具	① 玻璃杯的口部对着热水（不要接触），使杯中充满水蒸气，一手用餐巾的一角包裹住杯具底部，一手将餐巾另一段拿着塞入杯中擦拭，擦至杯中的水汽完全干净，杯子透明锃亮为止 ② 擦拭玻璃杯时，双手不要接触杯具，不可太用力，防止扭碎杯具
摆放杯具	① 轻拿玻璃杯底部，口朝下放置在台面上或酒杯吊架上 ② 玻璃杯要摆放整齐，分类放置

酒吧主管的苦恼

张涛是一家酒店酒吧的主管。一个星期六的下午，有 12 位法国客人来到酒吧喝酒聚会。客人到酒吧后，请客的主人想用最好的葡萄酒招待大家，但是张涛告诉他们，这种葡萄酒现在只有 4 瓶可以提供，其余的在储藏室里，但除了保管员和餐饮总监之外，谁都没有钥匙，因为保管员通常周末是不上班的。所以，张涛想到给餐饮总监打电话，让他来把储藏室打开。

餐饮总监的家住在离酒店开车不到 15 分钟的地方，这种处理办法是他制定的。但是，张涛打电话时，餐饮总监却没在家。因此，张涛向客人推荐了另外一种足够量的葡萄酒，但是价格相对来说便宜了一点。主人没办法，只好接受，但是心里很不高兴。

当天晚上晚一些的时候，吧台上坐着另外 4 位客人，喝着他们最喜欢的法国柯纳克上等白兰地酒。喝完了两轮之后，他们要求再上一些法国柯纳克上等白兰地酒，但是吧台服务员手中的那瓶酒只够倒 2 杯的量。由于这种牌子的酒点的客人比较少，服务员手中也就仅此一瓶。于是，他打电话给主管张涛，要求再拿一瓶。张涛没有办法，因为他没有钥匙，他能够做到的就是走到客人面前，很有礼貌地告诉客人，这种酒已经售完，建议客人换用另一个牌子的酒。

尽管这几位客人没有太多的计较而改换了另外品牌的葡萄酒，但对于张涛来说，这无形中又增加了他的不安，因为他觉得自己一而再、再而三地不能满足客人的要求，觉得自己很没用。

张涛曾试过采用几种策略防止这类事情再发生。首先，他试着建议改变钥匙的管理制度，以使他或者其他人能够在晚上拿到钥匙。因为酒水通常都是在晚上销量最大，但是餐饮总监根本不考虑他的建议，也不肯把钥匙交给其他任何人。这种方法不奏效，张涛开始试用另一种策略，每次需要从储藏室里拿东西的时候，他都不厌其烦地给餐饮总监打电话，希望这样做能够让餐饮总监感到厌烦，从而可能会想办法解决这个问题。但是，餐饮总监每次都会不厌其烦地从家里开车赶来，打开储藏室，拿出张涛需要的东西后再开车回去，根本就没有不耐烦的样子，也没有因为耽误客人的时间而感到不安。于是，张涛又尝试另一种办法，每当有客人预订在酒吧喝酒聚会时，他都会从储藏室拿出比预订多一些的酒水，以免不够用。但是，几次聚会之后，他都要往回归还一些，保管员发现了这一情况后，就不再给他那么多了。

张涛厌倦了这种说服管理层和保管员以达到客人满意的做法，最初他还觉得自己有义务尽量满足客人的需要，但是现在他已经没有了原先的积极性，他经常会对客人说："对不起，您要的酒在储藏室里锁着，现在拿不出来。"尽管想到客人也许会认为他的服务态度不积极，但他认为，管理层的做法根本使他无法达到让客人满意的效果。

评析

酒水准备是开吧的重要内容之一，它直接影响酒吧服务的质量。本案例中，酒吧主管的苦恼源自酒水准备不足、酒水管理存在问题。

酒水的准备与管理要求酒吧制定一套有效的管理制度和领发程序，并能适应各种不同的服务情形和消费要求。本案例中，酒水问题的出现就是由于酒水管理程序与制度不够科学、不够灵活，缺乏对多种消费需求的适应性而造成的。酒吧服务人员和基层管理人员应关注这类问题，协助上级建立相应的制度与程序，最大限度地满足不同客人的不同要求。

4.2 迎宾服务

通过对迎宾服务基础知识的讲解和迎宾服务操作技能的训练，使学生了解主酒吧迎宾服务的技巧和方法，掌握迎宾服务的程序与标准，达到能够热情、准确、熟练迎接客人的能力。

实训方法

按主酒吧迎宾服务的方式、内容等设计模拟场景。首先由教师示范讲解,然后学生动手操作训练。在学生操作训练过程中,教师进行指导,学生反复强化训练,达到熟练掌握操作技能的目的。

实训准备

迎宾台、咖啡桌/椅、酒单、笔、迎宾记录本。

实训内容

迎宾服务。

工作任务:迎宾服务

程序与操作标准

迎宾服务操作标准与要求见表 4-4。

表 4-4 迎宾服务操作标准与要求

操作程序	操作标准与要求
问候客人	① 礼貌问候客人 ② 问候时,迎宾员应与客人的距离保持在 1~1.5 m ③ 问候时应目光注视客人 ④ 如果知道客人的姓名,问候时应称呼客人的姓名 ⑤ 如果客人没有听清问候,应再重复一遍
引领客人至吧桌	① 询问客人的人数 ② 用手势示意客人进入酒吧 ③ 迎宾员应走在客人左前方 1.5 m 处为客人引路 ④ 征询客人对座位是否满意 ⑤ 如果客人不喜欢该座位,可由客人自己选择座位

续表

操作程序	操作标准与要求
为客人拉椅让座	① 将椅子向后拉开，使客人能站在椅子前 ② 示意客人坐下 ③ 当客人坐下时，将座椅向前推至客人腿部，使客人坐下感到舒适
向客人展示酒水单	① 将酒水单第一页打开，礼貌地双手从右边递给客人 ② 示意值台服务员为客人点酒水，向客人致意后离开

穿着丧服的客人

十几个刚参加完葬礼、还穿着丧服的客人来到一家酒店酒吧喝酒，迎宾员按正常程序引座，将其安排至酒吧大厅中间的空位上。客人没说什么，只是静静地喝酒，也没有做出任何异常的举动。但是，服务员发现，其他桌的许多客人却纷纷皱眉，甚至结账走人。服务生大为不解，这到底是怎么啦？

评析

在迎宾服务中，迎宾员需及时辨明顾客身份、精神状态等，并照顾到酒吧内其他客人的感受来安排新到客人的座位。穿着丧服的客人坐在酒吧醒目的位置，容易引起其他客人的注意，许多客人也许会认为不吉利。他们认为穿着丧服的人会有一种压迫感，会影响喝酒时的愉快气氛，应给他们安排在最里面且不怎么显眼的座位。

服务中，要做到尽量不破坏客人的情绪，同时又能让客人按经营者的意思去做。服务员要有能洞察每个客人思想情绪的能力，努力做到既不破坏客人的心情，又能让客人满意地离去。因为和客人进行各种方式的思想交流也是待客的技巧之一。

4.3 营业中的服务

通过对主酒吧营业中服务基础知识的讲解和营业服务操作技能的训练，使学生了解世界六大烈酒的服务标准及相关知识，掌握开胃酒、甜酒、啤酒、鸡尾酒及雪茄烟的服

务程序及标准,达到能够熟练地掌握世界名酒的服务流程以及服务标准的能力。

实训方法

按主酒吧营业中的服务方式、内容等设计模拟场景。首先由教师示范讲解,然后学生动手操作训练。在学生操作训练过程中,教师进行指导,学生反复强化训练,达到熟练掌握操作技能的目的。

实训准备

设备:模拟主酒吧、咖啡桌/椅、酒水车。
用具:托盘、各种酒杯、各种酒吧用具、各种空瓶子。

实训内容

① 各类酒水的服务;
② 各类软饮料的服务;
③ 英国茶、冰茶的服务;
④ 雪茄烟的服务;
⑤ 巡台服务。

工作任务一:为客人服务酒水

程序与操作标准

为客人服务酒水的操作标准与要求见表4-5。

表4-5 为客人服务酒水的操作标准与要求

操作程序	操作标准与要求
为客人点酒	① 微笑并问候客人 ② 给客人一定的选择时间,礼貌询问客人是否可以点酒 ③ 与客人保持目光交流,听清客人所点的酒水 ④ 填写点酒单时字迹要工整,点酒单上要填写时间、服务员姓名、台号以及所需酒水的名称和数量 ⑤ 一些烈酒或特殊酒水要询问客人饮用方式,并在点酒单中注明

续表

操作程序	操作标准与要求
为客人点酒	⑥ 为客人点完酒后,向客人复述一遍所点的酒水,经确认无误后向客人道谢并示意离开
递送点酒单	点酒单一式两联,将白色的第一联交收银员盖章后送交调酒员,红色的第二联交收银
为客人服务酒水	① 将干净的杯垫摆放在吧桌上,店徽朝向客人 ② 从客人的右侧为客人服务酒水,遵循"女士优先,先宾后主"的原则 ③ 将酒水杯放在杯垫上,再倒入酒水,酒水瓶口不能触到杯口边缘 ④ 服务酒水的同时告诉客人酒水的名称 ⑤ 在服务过程中,只能手拿玻璃杯的下半部或杯柄,所有的酒水都用托盘服务 ⑥ 所有酒水在点单后3分钟内送到客人面前
续点酒水	① 当客人续点酒水时,要更换新的酒水杯 ② 当客人续点的酒水剩1/3时,应上前为客人添加酒水或询问客人是否再续点另一杯酒水 ③ 空瓶及时撤走,客人杯中的酒水用完,客人也未再要酒水时,应征得客人的同意后为客人撤下空杯 ④ 服务各类含酒精的混合酒水或饮料均免费配送小吃

工作任务二:为客人服务软饮料

程 序与操作标准

为客人服务软饮料的操作标准与要求见表4-6。

表4-6 为客人服务软饮料的操作标准与要求

操作程序	操作标准与要求
准备酒水杯	① 使用 HI-BALL 杯或 COLLIN 杯 ② 杯具应洁净、无水渍、无破损
准备软饮料	① 在雪柜中取出客人所点的饮料 ② 检查饮品是否已过保质期 ③ 备好冰块、新鲜的柠檬片等辅助用品 ④ 各种果汁类饮品不加冰和柠檬,含气矿泉水只加柠檬不加冰
服务软饮料	① 瓶装饮料和罐装饮料必须要在客人面前打开 ② 先在台面上放一个干净的杯垫,再将饮料杯放在杯垫上,然后将饮料倒入杯内。若还有剩余,应再取一个杯垫放在饮料杯的右侧,将饮料瓶、罐放在上面 ③ 当杯中饮料只剩1/3时,应为客人添加饮料或征询客人是否需要第二杯饮料 ④ 注意空瓶或空罐应及时撤下台面

工作任务三：为客人服务 Gin、Rum、Whisky、Vodka

程 序与操作标准

为客人服务 Gin、Rum、Whisky、Vodka 的操作标准与要求见表 4-7。

表 4-7 为客人服务 Gin、Rum、Whisky、Vodka 的操作标准与要求

操作程序	操作标准与要求
准备酒杯及用具	① 如客人净饮，则使用 Short Glass；加冰饮用时，使用 Rock 杯；混合饮用时，使用 HI-BALL 杯，同时使用调酒棒 ② 杯具要洁净、无破损、无水渍、无污渍 ③ 杯垫干净、平整、无破损
准备酒水	① 根据客人要求采用相应的杯具。加冰饮用时，在 Rock 杯中加入 3 块冰块；如果客人净饮，用 HI-BALL 杯准备一杯冰水 ② 根据客人的需要，在杯中加入半片柠檬 ③ 调酒员在吧台用量酒器将酒倒入杯中，每份量为 1 盎司 ④ 混合饮用时，调酒员将附加酒水根据客人的需要酌情倒入 HI-BALL 杯里，同时将调酒棒也放入 HI-BALL 杯中
服务酒水	① 将干净的杯垫摆放在吧桌上，店徽朝向客人 ② 从客人的右侧为客人服务酒水，遵循"女士优先，先宾后主"的原则 ③ 服务酒水时，手只能拿玻璃杯的下半部或杯柄部分，同时告诉客人酒水的名称 ④ 免费配送指定小吃

工作任务四：为客人服务 Tequila

程 序与操作标准

为客人服务 Tequila 的操作标准与要求见表 4-8。

表 4-8 为客人服务 Tequila 的操作标准与要求

操作程序	操作标准与要求
准备酒杯及用具	① 如果客人净饮，则使用 Sherry 杯；加冰饮用时，使用 Rock 杯；混合饮用时，使用 HI-BALL 杯，同时使用调酒棒 ② 杯具要洁净、无破损、无水渍、无污渍 ③ 杯垫干净、平整、无破损

续表

操作程序	操作标准与要求
准备酒水	① 根据客人要求取用相应的杯具。加冰饮用时,在 Rock 杯中加入 3 块冰,放入一片柠檬片;如客人净饮,用 6 寸小圆碟,一边撒少许细盐,另一边放入 2 块 1/6 柠檬角,一并上给客人 ② 调酒员在吧台上用量酒器将酒倒入杯中,每份约为 1 盎司
服务酒水	① 将干净的杯垫摆放在吧桌上,店徽朝向客人 ② 从客人的右侧为客人服务酒水,遵循"女士优先,先宾后主"的原则 ③ 服务酒水时,手只能拿玻璃杯的下半部或杯柄部分,同时告诉客人酒水的名称 ④ 免费配送指定小吃

工作任务五:为客人服务 Brandy

程序与操作标准

为客人服务 Brandy 的操作标准与要求见表 4-9。

表 4-9 为客人服务 Brandy 的操作标准与要求

操作程序	操作标准与要求
准备酒杯及酒具	① 使用 Brandy Snifter 专用杯 ② 酒杯干净、无水渍、无破口 ③ 托盘干净、无破损 ④ 酒垫干净、平整、无破损
准备酒水	调酒员在吧台用量酒器将酒倒入杯中,每份量为 1 盎司
服务酒水	① 将干净的杯垫摆放在吧桌上,店徽朝向客人 ② 从客人的右侧为客人服务酒水,遵循"女士优先,先宾后主"的原则 ③ 服务酒水时,手只能拿玻璃杯的下半部或杯柄部分,同时告诉客人酒水的名称 ④ 免费配送指定小吃

工作任务六:为客人服务 Aperitifs、Sherry、Popt、Liqueur

程序与操作标准

为客人服务 Aperitifs、Sherry、Popt、Liqueur 的操作标准与要求见表 4-10。

表 4-10　为客人服务 Aperitifs、Sherry、Popt、Liqueur 的操作标准与要求

操作程序	操作标准与要求
准备酒杯及用具	① 如客人净饮，则使用 Sherry 杯，Liqueur 使用 Liqueur 杯；加冰饮用时，使用 Rock 杯；混合饮用时，使用高脚杯，同时使用调酒棒、搅拌棒 ② 杯具干净、无水渍、无破口 ③ 杯垫干净、平整、无破损 ④ 托盘干净、无破损
准备酒水	① 根据客人要求取用相应的杯具。加冰饮用时，在 Rock 杯中加入 3 块冰；如客人是净饮，用高脚杯准备一杯冰水 ② 调酒员在吧台上用量酒器将酒倒入杯中，Aperitifs 每份量为 1.5 盎司，Sherry、Popt 每份量为 2 盎司，Liqueur 每份量为 1 盎司 ③ Aperitifs 在杯中加入半片柠檬片
服务酒水	① 将干净的杯垫摆放在吧桌上，店徽朝向客人 ② 从客人的右侧为客人服务酒水，遵循"女士优先、先宾后主"的原则 ③ 服务酒水时，手只能拿玻璃杯的下半部或杯柄部分，同时告诉客人酒水的名称 ④ 免费配送指定小吃

工作任务七：为客人服务鸡尾酒

程序与操作标准

为客人服务鸡尾酒的操作标准与要求见表 4-11。

表 4-11　为客人服务鸡尾酒的操作标准与要求

操作程序	操作标准与要求
准备各项物品	① 酒水品种齐全，数量充足 ② 调酒用具齐全、卫生 ③ 调酒辅料新鲜 ④ 服务用品如搅棒、餐巾纸等齐全
选择杯具	① 根据客人所点的鸡尾酒选择适当的载杯 ② 杯具必须干净、无破损、无缺口
准备调酒材料	① 按标准配方选择基酒 ② 调酒辅料如果汁、鲜奶等必须新鲜

续表

操作程序	操作标准与要求
调制酒品	① 根据客人的需要，按照标准配方正确调制 ② 所有调酒用基酒和辅料都需用量杯度量 ③ 冰块新鲜、完整 ④ 采用摇和法的酒品要充分摇匀 ⑤ 需用调和法搅拌的酒品要迅速搅匀或过滤
制作装饰物	① 按配方要求制作相应的装饰物 ② 装饰材料应新鲜、卫生
装饰酒品	① 按标准配方装饰鸡尾酒 ② 所有高杯饮料应配搅棒、吸管
服务鸡尾酒	① 将干净的杯垫摆放在吧桌上，店徽朝向客人 ② 从客人的右侧为客人服务酒水，遵循"女士优先，先宾后主"的原则 ③ 将鸡尾酒轻轻地放在杯垫上，同时告诉客人鸡尾酒的名称

工作任务八：为客人服务啤酒

程序与操作标准

为客人服务啤酒的操作标准与要求见表 4-12。

表 4-12 为客人服务啤酒的操作标准与要求

操作程序	操作标准与要求
推销及建议	① 掌握各种啤酒的知识，在客人订饮品时，介绍本酒吧提供的各种啤酒及其产地 ② 为客人点单，并到酒吧领取啤酒。时间不得超过 5 分钟
服务啤酒	① 用托盘拿回啤酒及冰冻酒杯，遵循"女士优先，先宾后主"的原则为客人服务啤酒 ② 提供啤酒服务时，服务员站在客人右侧，左手持托盘，右手将冰冻啤酒杯放在客人的餐桌右上方，拿起客人所点啤酒，身体侧站，站在客人右侧，将啤酒轻轻倒入杯中。倒啤酒时，前 1/3 的啤酒沿杯壁慢慢流入杯中，以防酒沫溢出；后 2/3 的啤酒直接倒入杯中心，使得二氧化碳得以全面释放 ③ 倒酒时，酒瓶商标应面对客人 ④ 啤酒应倒八分满，泡沫满杯口，但不溢杯外 ⑤ 如瓶中啤酒未倒完，应把酒瓶商标面对客人，摆放在酒杯右上方

续表

操作程序	操作标准与要求
添加啤酒	① 根据客人喝酒速度，适时为客人添加啤酒。一般喝酒快的客人杯内剩 1/2 啤酒时，应添加啤酒 ② 同桌客人应在同一时段添酒 ③ 添酒时应站立于客人右侧，手持酒瓶示意客人添加酒或轻声询问客人是否需要添酒，客人同意后再斟 ④ 当客人啤酒仅剩瓶中 1/3 时，主动询问客人是否需要再添加一瓶啤酒 ⑤ 及时将倒空的酒瓶撤下台面

工作任务九：为客人服务英国茶

程序与操作标准

为客人服务英国茶的操作标准与要求见表 4-13。

表 4-13 为客人服务英国茶的操作标准与要求

操作程序	操作标准与要求
准备用具	① 茶壶应干净、无茶垢、无破损 ② 茶杯和茶碟干净、无破损 ③ 茶勺干净、无水迹 ④ 奶盅和糖罐干净无异物、无破损，奶盅内倒入 2/3 的新鲜牛奶
准备茶水	① 沏茶用沸水 ② 每壶茶应放入一袋干净、无破漏的英国茶 ③ 沏茶时，将沸水倒入壶中的 4/5 位置
服务英国茶	① 使用托盘 ② 从客人的右侧为客人服务 ③ 先将一套茶碟、茶杯、茶勺放在桌上，茶勺与茶杯把成 45°，茶杯把与客人平行，再用茶壶将茶水倒入杯中，茶水应倒满茶杯的 4/5，然后将茶壶放在桌上，由客人自己加糖和牛奶 ④ 当茶壶内的茶水剩 1/3 时，上前为客人添加开水

工作任务十：为客人服务冰茶

程序与操作标准

为客人服务冰茶的操作标准与要求见表4-14。

表4-14 为客人服务冰茶的操作标准与要求

操作程序	操作标准与要求
准备冰茶杯	① 使用长饮杯 ② 长饮杯应干净、无污迹、无破损
准备茶水	① 将6袋英国茶放入水扎中用沸水沏茶 ② 将沏好的冰茶在常温下先冷却 ③ 将冷却的茶水用保鲜膜封好
准备装饰物	① 取3片整圆柠檬片，再准备一个红色车厘子 ② 在奶盅中倒入2/3的糖水 ③ 准备一支吸管、一根搅棒
制作冰茶	① 在长饮杯中放入3块冰 ② 将凉茶倒入长饮杯4/5满 ③ 将3片整圆柠檬片整齐摆放，插入杯中 ④ 吸管插入红色车厘子 ⑤ 吸管、搅棒插入杯中
服务冰茶	① 使用托盘 ② 先在桌子上放一干净的垫碟，店徽朝向客人，再将冰茶放在杯垫上，在其右侧放一倒入糖水的奶盅 ③ 在客人右侧服务

工作任务十一：为客人服务香烟

程序与操作标准

为客人服务香烟的操作标准与要求见表4-15。

表 4-15 为客人服务香烟的操作标准与要求

操作程序	操作标准与要求
准备香烟	① 根据客人的要求，在点单上写清客人的台号、香烟的种类及数量 ② 凭点单从收款处取烟 ③ 从香烟一侧打开一个口，抽出 2～3 支放在一个垫有花纸的垫盘上 ④ 香烟旁放一盒新的火柴
点烟前的准备	① 服务员应随身携带打火机或火柴 ② 使用火柴时，应提前抽出一根火柴 ③ 使用打火机时，应确保打火机质量，火苗高度为 1.5 cm
服务香烟	① 使用托盘为客人服务香烟 ② 将盛有香烟和火柴的盘子轻放在客人的桌子上，并礼貌地告诉客人这是他所点的香烟 ③ 客人抽出一支烟后，服务员应主动为客人点烟
为客人点烟	① 看到客人取出一支烟后，应主动上前为客人点烟 ② 待客人吸燃香烟后，方可熄灭打火机或火柴

工作任务十二：为客人服务雪茄烟

程序与操作标准

为客人服务雪茄烟的操作标准与要求见表 4-16。

表 4-16 为客人服务雪茄烟的操作标准与要求

操作程序	操作标准与要求
准备	① 准备工作由酒水员负责 ② 定期向雪茄烟盒内的恒湿器中加水，保持盒内适当湿度 ③ 每种雪茄烟备足 12 支
售烟	① 客人用完餐后，酒水员需向客人推销雪茄烟 ② 将烟盒拿至客人桌旁后打开，向客人介绍各种烟的品牌和质量 ③ 协助客人挑选喜爱的品种
点烟	① 准备一盒火柴、一个烛台和蜡烛、一把雪茄烟剪、一杯白兰地酒，放于铺有台布的服务车上 ② 取下烟的包装，用烟剪将烟嘴部剪开一个小口 ③ 点燃蜡烛

操作程序	操作标准与要求
点烟	④ 用单手或双手拿烟,但手不得接触烟嘴部分 ⑤ 将烟于烛焰上方 3～4 cm 处不断移动进行烘烤 ⑥ 点燃时使用烛火的外焰,并将烟不时在空中晃动以助燃
服务	① 点燃烟后,将烟嘴部轻轻沾上白兰地酒 ② 递送烟给客人时,烟嘴部需朝向客人

工作任务十三:巡台服务

程序与操作标准

巡台服务的操作标准与要求见表 4–17。

表 4–17 巡台服务的操作标准与要求

操作程序	操作标准与要求
换烟灰缸	① 将干净的烟灰缸叠放在桌面上脏的烟灰缸上面 ② 将两个烟灰缸同时拿起,把脏的烟灰缸放在托盘里 ③ 再将干净的烟灰缸放回桌面
撤去桌面物品	① 当客人用完某道菜或是酒水时,询问客人是否需要撤去餐具或杯子 ② 撤去用过的餐具、餐巾、杯子和不使用的其他用品 ③ 从客人的右侧用右手撤去物品 ④ 将撤去的物品放在一个空的托盘上
保持酒吧的整洁	① 撤去餐桌上用过的餐巾,清理掉食物残渣等 ② 拾起桌面或地上掉落的食物

案例分析

我要"蓝带马爹利"

湖南长沙某酒店鸡尾酒廊里,正值营业高峰,宾朋满座,生意十分繁忙。当天的三位服务员照看整个酒吧营业区,忙得不亦乐乎。服务生小周把一杯冰水送给一位客人,客人说:"我不要冰水,我要'蓝带马爹利'"。蓝带马爹利是一种白兰地。小周一愣,心想,刚才这位客人不是说过先要一杯冰水吗?怎么转眼间又说要"蓝带马爹利"呢?究竟是自己听错了,还是客人说错了。

小周没有跟客人争辩,心想:忙中总会有错,要不是客人说错了,就是自己听错了,现在客人需要"蓝带马爹利",我又何不"成人之美"?反正对餐厅也没有坏处。

于是,他镇静地对客人说:"先生,您别着急,我们的鸡尾酒廊是长沙市酒店中最好的高品位酒吧,为让客人更好地品味美酒,酒吧规定,凡是客人点了洋酒,一定要先上一杯冰水。您可以先清清口,然后就能充分地品味'蓝带马爹利'了。"

其实小周也没乱说,这完全是品洋酒的规矩。

小周的话似乎有理有据,说得客人直点头:"噢,那好那好,谢谢!"小周忙说:"别客气。"于是,小周赶快给那位先生送上了"蓝带马爹利"。

评析

酒吧在业务繁忙时,容易出现"忙中有错"现象,特别是在点酒水的环节上,容易出现混淆和遗漏。一旦出现错误后,服务人员应保持清醒的头脑,妥善处理,不能慌乱,在不损害酒店与客人利益的前提下,机智地变通,把错让给自己,即"善意地欺骗"。

本案例中,服务生小周忙中"出错",引起客人不满,但他运用自己所掌握的品洋酒的知识,说服了客人,把"对"让给客人,使客人转怒为喜,这是机智应变的酒吧服务技巧的具体体现。因此,在酒吧的日常服务中,服务员应注意不断学习业务知识,不断提高接待技巧,才能"临危不乱,化险为夷"。

4.4 营业后的结束工作

实训目的

通过对主酒吧营业结束工作基础知识的讲解和操作技能的训练,使学生了解结账服务及送客、撤换酒杯服务的程序和标准,达到能熟练而准确地为客人提供结账服务的能力。

实训方法

按主酒吧点酒客人结账时的方式、内容及营业后结束工作的要求设计模拟场景。首先由教师示范讲解,然后学生动手操作训练。在学生操作训练过程中,教师进行指导,学生反复强化训练,达到熟练掌握操作技能的目的。

实训准备

结账单、现金、信用卡、账单夹、笔、咖啡桌/椅、各种杯具。

实训内容

① 营业结束前的服务;
② 结账送客服务;
③ 撤换酒杯;
④ 营业结束工作。

工作任务一:营业结束前的服务

程序与操作标准

营业结束前的服务的操作标准与要求见表 4-18。

表 4-18 营业结束前的服务的操作标准与要求

操作程序	操作标准与要求
营业结束前的酒水服务	酒吧关门前 30 分钟开始该项工作
订单与结账	① 在为客人进行最后一次点单时,应礼貌地询问酒吧内所有的客人是否要在关门前喝最后一杯酒水 ② 服务完最后一杯酒水后,为所有的客人结账 ③ 在为客人结账时,要有礼貌地告诉客人本酒吧的关门时间 ④ 如果客人在最后点单时间进入酒吧,可视营业情况适当延长结账时间,但应告诉客人本酒吧的关门时间

工作任务二:撤换酒杯

程序与操作标准

撤换酒杯的操作标准与要求见表 4-19。

表4-19 撤换酒杯的操作标准与要求

操作程序	操作标准与要求
准备干净杯具	① 根据客人所点的酒品和饮酒客人的人数配备相应的酒杯 ② 将酒杯杯口向上整齐地摆放在铺有干净餐巾的托盘上
撤换酒杯	① 撤换前服务员需礼貌地示意客人 ② 从客人右侧按顺时针方向进行撤换,女士优先 ③ 将台面上不用的酒杯撤下,放在托盘上 ④ 将干净的、所需使用的酒杯轻放在客人右手侧 ⑤ 撤换时一次只允许拿一只酒杯 ⑥ 拿杯时使用右手的拇指和食指捏握杯脚或杯子底,严禁用手接触杯口部分 ⑦ 撤杯时不允许酒杯相互碰撞,以免发出响声影响客人

工作任务三:结账服务

程序与操作标准

结账服务的操作标准与要求见表4-20。

表4-20 结账服务的操作标准与要求

操作程序	操作标准与要求
结账准备	① 核对账单,保证台号、账单金额正确 ② 准备账单夹和笔
为客人结账	① 当客人要求结账时,方可为客人结账 ② 将账单放在账单夹中,在客人面前打开并双手递给客人 ③ 礼貌地指给客人账单的价钱 ④ 如客人付现金,应把账单的第一联及找的零钱放在账单夹中,在客人面前打开交给客人 ⑤ 如客人签单,应请客人写正楷,并核对房卡的房号及客人签名 ⑥ 如客人使用信用卡,当客人签完字后,要核对笔迹和卡上的是否相同,并由收银员检查信用卡是否可用
道别	一切付账手续完成后,向客人道谢并欢迎客人下次光临

工作任务四：送客服务

程序与操作标准

送客服务的操作标准与要求见表 4-21。

表 4-21 送客服务的操作标准与要求

操作程序	操作标准与要求
帮助客人离座	① 当客人起身时，主动为客人拉开座椅，随后递上客人携带的物品。如有女士，要首先帮助女士，特别要注意照顾老人和小孩 ② 在客人离开餐桌或吧台时，要迅速检查一下周围是否有客人遗留物品
与客人道别	① 当客人离开餐厅或酒吧时，服务员要主动向每一位客人道别，欢迎再次光临 ② 和客人道别时，应微笑注视客人，热情、庄重，不能显示过分的高兴 ③ 当客人主动握手时，不要回避
整理台面	① 客人离开酒吧后，服务员需检查台面上下是否有客人遗忘的物品 ② 用托盘将台面上客人用过的各种杯具、餐具和用具撤下 ③ 铺换新台布，台布上只摆设花瓶和烟灰缸 ④ 重新调整座椅

工作任务五：酒吧营业结束工作

程序与操作标准

酒吧营业结束工作的操作标准与要求见表 4-22。

表 4-22 酒吧营业结束工作的操作标准与要求

操作程序	操作标准与要求
清洁所有酒吧用具	① 清洗用过的搅棒、樱桃签 ② 清洗并擦拭干净所有的脏玻璃杯，倒扣在杯架上或挂在酒架上 ③ 将啤酒杯清洗擦拭干净后放入冰杯箕中 ④ 清洗量酒器和摇酒壶

续表

操作程序	操作标准与要求
收集、存放装饰物	① 将灌装的装饰物拧紧瓶盖，放入冰箱内保鲜 ② 确保所有装饰物洁净、新鲜
清理吧桌、吧椅	① 撤走所有用过的用具 ② 将所剩的英国茶、咖啡全部倒掉 ③ 桌面及座椅保持干净、无尘、无污物
清理冰池	① 将所有剩余的冰块倒掉 ② 冰池里应干净、无积水、无污渍
擦拭酒吧内机器和冰柜门	① 将洗杯机内水放掉，并将机内的洗杯筐擦拭干净 ② 将冰柜的门及侧面擦拭干净，使之光亮无污渍
锁酒柜	将所有的酒水整齐地摆放在酒柜内，并将其锁好
倒垃圾	① 倒掉酒吧内所有垃圾 ② 保证垃圾桶干净、无污渍
清理吧内地面	① 先用扫把清扫，然后用墩布将地面擦干净 ② 地面应清洁、干净、无污渍
清洗托盘和烟灰缸	清洗后的托盘和烟灰缸应干净、无水渍、无破损
统计营业额，填写提货单和每日营业报告	① 从收银员处获知当天的营业额，根据营业额填写每日营业报告 ② 每日营业报告应统计准确，及时记录酒吧当天发生的事情 ③ 根据每天的销售情况填写提货单 ④ 填写提货单时，应字迹清楚，根据本酒吧库存和销售情况认真填写
切断除冰箱和制冰机以外的一切电源	① 关掉所有的灯 ② 切断洗杯机、咖啡机、搅拌机等电源
锁门	① 再次检查酒吧的安全情况 ② 锁好酒吧拉门 ③ 将钥匙交至前厅部统一保管，并在登记本上签字，写清酒吧名称、交钥匙时间和本人姓名

相关知识

1. 世界六大烈酒

① 金酒（Gin）；

② 威士忌（Whisky）；
③ 白兰地（Brandy）；
④ 特基拉（Tequila）；
⑤ 伏特加（Vodka）；
⑥ 朗姆酒（Rum）。

2. 鸡尾酒知识

（1）鸡尾酒的定义

鸡尾酒是以一种或几种烈酒（主要是蒸馏酒和酿制酒）作为基酒，与其他配料如汽水、果汁等一起，用一定方法调制后经装饰而成的混合饮料。

（2）鸡尾酒的基本结构

不论鸡尾酒的品种多么繁杂，组成鸡尾酒的基本结构概括起来只有三项：基酒、辅料、装饰物。

（3）鸡尾酒的调制方法

调制鸡尾酒的基本方法一般有兑和法（Build）、调和法（Stir）、摇和法（Shake）、搅和法（Bend）。

3. 酒的保管与储藏

酒的主要成分是酒精、水、酸类、糖分等物质，在保管和储藏过程中常发生挥发、渗漏、混浊、沉淀、酸败等变质损耗现象。由于各种酒类所含酒精度高低不同，保管条件不一，因此可能发生的变质损耗现象也就有所不同。

酒精含量较高的酒，具有较好的杀菌能力，不易酸败变质，但会有挥发、渗漏现象；酒精含量较低的低度酒，因含酸类、糖分等物质较多，易受杂菌感染，保管温度过高，又会使酒液再次发酵而浑浊沉淀、酸败变质或变色变味。针对各类酒的特点，要因地适宜，选择适宜的酒库。理想的酒库应符合下列几个基本要求：

① 足够的储存空间和活动空间；
② 通风性能良好，环境容易保持干燥；
③ 隔绝自然采光照明；
④ 防震动、防巨声干扰；
⑤ 有相对的恒温条件。

各类葡萄酒应根据其特点进行存储，分别将白葡萄酒、香槟酒、汽酒存放于冷库，红葡萄酒存放于专用酒库中，通常的储存温度一般在 10 ℃～14 ℃。

酒品的摆放也有一定的讲究。凡用软木塞封瓶的酒品，要求横置。横放的酒瓶，酒液浸润瓶塞，起着隔绝空气的作用。横置是葡萄酒的主要堆放方式。凡蒸馏酒品，瓶子大多要竖立，便于瓶中酒液的挥发，达到降低酒精含量、改善酒质风格的目的。存储的酒品不要经常挪动，分类放好后，最好到取用时再动。入库的酒类要进行登记，为每一类酒设立一个卡片，将该酒的年龄、产地、标价等登记在案。贵重的酒应放在保险柜里小心保存，防止破损和失窃。刚购买运回的酒要有一个"醒酒期"，因酒品在运输过程中受到震动而使酒分子处于激动状态，让酒"冷静"半个月后再出售给客人，其效果更佳。

酒店除了建立酒库外，还要在酒吧等消费场所设立酒柜，酒柜内摆放一些最普遍以及比较畅销的酒品。白葡萄酒、玫瑰露酒及香槟酒则需在冰箱中冷藏，以便随时供应，但冷藏时间不宜过长，最长为两个星期。啤酒在保存期间瓶子要立放，不能和具有强烈气味的物品混放在一起，以免改变啤酒的味道。啤酒的存放期常为2～3个月，最多不超过半年。如果是鲜啤酒，则应现进现售，最好不要超过一昼夜，以免变质。

▶ **小资料**

酒吧服务工作程序与标准

酒吧服务工作流程与标准见表4-23～表4-29。

表4-23 酒吧经理日常检查程序与标准

操作程序	操作标准与要求
检查营业前准备工作	① 酒水饮料品种齐全，数量充足 ② 服务器具整洁
检查酒吧卫生情况	符合日常卫生要求
检查员工仪表仪容及出勤情况	① 仪表仪容符合规定要求 ② 员工准时到岗
了解客情预报、重点客人信息等	① 当班员工必须了解客情 ② 做好重点客人接待准备工作
检查酒吧的运转情况	① 要求员工按程序和标准对客服务 ② 正确处理客人投诉及突发事件
检查酒吧卫生情况	符合酒吧卫生标准
检查各班次销售盘点情况	① 盘点表字迹清楚，无涂改现象 ② 账务数量相符 ③ "盘点记录"应有当班调酒师签字
签署酒水、物资申领单	① 根据营业情况签领酒水和物资申领单 ② 申领单字迹工整、清楚、规范

续表

操作程序	操作标准与要求
查交班情况	① 交接班有记录 ② 交接事宜落实到人
检查酒吧结束收尾工作	酒吧卫生整洁,无安全事故隐患

表 4-24　宴会临时酒吧设吧程序与标准

操作程序	操作标准与要求
熟悉宴会通知单	以宴会通知单为依据,详细了解客人的国籍、数量、拟用酒水标准、品种和其他要求
准备酒水	准备相应品种和数量的酒水饮料
准备用具	根据客情准备开瓶器、冰桶等酒吧用具
准备吧台	① 吧台数量及大小与宴会类型相一致 ② 吧台设置与宴会厅布置格调协调 ③ 吧台位置便于操作和服务
设吧	① 将酒品整齐陈列于吧台上 ② 服务用具等陈列于相应位置上
对客服务	① 随时按标准和程序向客人提供酒水服务 ② 微笑和使用敬语
撤吧	① 在客人全部离开后进行 ② 先撤酒水饮料,再撤服务用具 ③ 恢复宴会厅原貌,不遗留任何垃圾

表 4-25　酒水饮料发放程序与标准

操作程序	操作标准与要求
准备	① 酒吧调酒师在营业前半小时做好酒水发货准备工作 ② 检查酒水、饮料品种是否齐全,数量是否充足,温度是否达到标准 ③ 确保出售的酒水、饮料器具擦拭干净
发放	① 接受酒水订单时,检查订单的项目是否填写清楚齐全,是否有收款员印章 ② 根据订单内容核发相应的酒水,发放时注意检查酒水的质量,符合标准的方可发放 ③ 发放酒水时,不应让服务员进入酒吧自行取酒水、饮料
做好订单留存	① 将酒水订单妥善保存,开餐结束时进行汇总,并检查实际发出量与订单是否相符 ② 当班结束之前,填写"每日酒水销售报表"

表 4-26　酒吧清洁卫生程序与标准

操作程序	操作标准与要求
清洁所有高层酒品陈列架	① 在非营业时间进行 ② 酒架上无酒品 ③ 每周一次
重新布置陈列架	① 酒品陈列架干净、无水迹 ② 所有酒标朝外
清洁冷藏设备	① 每周两次 ② 外表光洁、内部无水迹，夹层、货架处无污迹 ③ 操作时断电
清洁酒杯架	每天下班清洁一次
清洁不锈钢水池	① 随时保持干净，保证无污物、渣屑 ② 内壁光亮，无茶迹、咖啡迹
清洁酒吧用具	① 用清洁剂加热水洗涤，漂洗干净 ② 每天进行，必要时随用随洗
清洁地面	地面光洁、无污迹、干燥、无水迹

表 4-27　酒吧酒水盘存程序与标准

操作程序	操作标准与要求
填写并盘存开吧酒水基数	① 开吧酒水基数于营业前填好 ② 酒水数量与上一班次实际盘存数相同 ③ 基数数量与酒吧实际库存数相同 ④ 以整瓶酒作为一个单位填写 ⑤ 使用过的烈性酒按标准分量计算 ⑥ 啤酒、软饮料以听、瓶、桶为单位填写
填写酒水申领数量	① 所填数量与申领单实际数量相同 ② 单位统一以瓶、份、听、桶等为标准
填写调进、调出数量	以"酒水调拨单"为依据
统计并填写酒水销售数量	① 以订单酒吧联为依据 ② 需与实际统计数量相同
填写工作结束后酒水实际盘存数并进行盘点	① 实际存数 = 基数 + 申领数 + 调进数 − 调出数 − 售出数 ② 实际存数与酒吧库存数量相同

第 4 章 酒吧服务　197

表 4-28　酒吧酒水申领程序与标准

操作程序	操作标准与要求
检查酒水库存	① 以标准储存数量为依据 ② 检查数量能否满足营业要求
填写申领单	① 用统一编号和酒名 ② 烈性酒以瓶为单位，其他酒以箱、桶为单位 ③ 字迹清楚、无涂改
领取酒水	① 烈性酒需以空瓶换整瓶 ② 根据申领单逐一签字领取
入账	在酒水盘存表上填入正确申领数
储存	① 申领酒水按类分别储存 ② 白葡萄酒、啤酒等需冷藏

表 4-29　酒吧营业结束工作程序与标准

操作程序	操作标准与要求
检查和记录酒水关吧实际存数	原始盘存和实际盘存数量必须相等
将空瓶收集好	① 进口烈酒瓶单独收集存放 ② 其他需回收的玻璃瓶收入指定的盒、箱之中
填写交接班记录	① 交接事情填写清楚，并注明完成时间 ② 调酒师签名
酒吧清洁卫生	① 吧台台面光亮 ② 地面无垃圾，无积水 ③ 水槽内无残留脏物
清理垃圾	将带火烟头掐灭
关闭所有照明电源	不得切断冷藏设备电源
酒吧上锁	不可将钥匙带离饭店，而应交前厅部

案 例分析

营业结束后的卫生

某一酒店的酒吧，服务员在闭吧前 30 分钟开始打扫卫生，一服务员把椅子放在没有客人的桌子上并开始清扫地板，客人难以忍受了："没看见我还在喝酒嘛，离关店不是还有30分钟吗？"服务员听到这些，就停止了收拾。

几天后，那位客人又来酒吧，服务员同样是在闭吧前30分钟开始打扫卫生，这次客人真的生气了，怒吼道："我要说几遍才行呢？有客人时不要扫地嘛！"话毕，愤然离去。

评析

营业结束前的卫生工作非常重要，但它是建立在不影响客人正常消费的基础上的。服务人员在实施这项工作时应特别小心，绝不能打扰顾客。本案例中，服务生应改变一下清扫的顺序，从不显眼的地方开始收拾，客人就不会不满了。

客人产生不满，肯定是服务达不到客人要求，需要认真对待与处理。酒吧应该把客人的不满看成是客人的建议，管理人员应高度重视，并立即着手改进，必须制定相应的对策，避免类似问题的再次发生。

第 5 章 餐饮其他服务

5.1 客房送餐服务

实训目的

通过对客房送餐服务基本知识的讲解及操作技能的训练,使学生全面掌握客房送餐服务的操作要领及标准,达到熟练操作的训练目的。

实训方法

首先由教师示范讲解,然后学生动手操作训练。在学生操作训练过程中,教师进行指导,学生反复强化训练,教师总结,达到熟练掌握该项操作技能的目的。

实训准备

点菜单、电话、笔、托盘、送餐车、餐具、酒杯、餐巾、调料瓶、账单等。

实训内容

① 订餐;
② 准备;
③ 检查;
④ 送餐;
⑤ 收餐。

程序与操作标准

客房送餐服务的操作标准与要求见表 5-1。

表 5-1　客房送餐服务的操作标准与要求

操作程序	操作标准与要求
接受订餐	① 客人电话订餐，应礼貌应答 ② 详细问清客人的房号、要求送餐的时间、用餐人数及所需菜点，并复述一遍 ③ 将电话预订进行登记 ④ 开好订单，并在订单上打上受理预订的时间 ⑤ 如果客人通过订餐单订餐，则根据收来的早餐送餐单开好订单
准备工作	① 根据客人的订单开出取菜单 ② 根据各种菜式，准备各类餐具、布件 ③ 按订单要求在托盘或送餐车上备好餐具 ④ 准备好茶、咖啡、牛奶、淡奶、糖、调味品等 ⑤ 开好账单 ⑥ 检查个人仪表仪容
检查	① 主管或领班认真核对，检查菜点、酒水与订单是否相符 ② 检查餐具、布件及调味品是否洁净、无污渍、无破损 ③ 检查菜点的质量是否符合标准 ④ 了解从接订单至送餐时间是否过长，是否在客人要求的时间内准时送达 ⑤ 检查送出的餐具在餐后是否及时如数收回 ⑥ 检查服务员的仪容仪表
送餐	① 使用酒店规定的专用电梯进行客房送餐服务 ② 到达客人房间时，首先要确认房间号码是否准确无误 ③ 轻轻敲门或按门铃三下，并报"送餐服务"（"Room Service, May I come in?"） ④ 待客人开门后，服务员应主动问候，并再次核对订餐客人姓名及房间号码，得到客人允许后方可入内。进入房间后，要注意房门始终要保持敞开 ⑤ 询问客人用餐的位置 ⑥ 按照客人要求放置好餐具和食品，并提供相应的服务 ⑦ 双手持账单夹，将账单递送给客人 ⑧ 客人签完账单后，向客人致谢并祝客人用餐愉快 ⑨ 后退一步再转身，面向客人将房门关好 ⑩ 对重要来宾，管理人员要与服务员一起送餐进房，并提供各项服务

续表

操作程序	操作标准与要求
收餐	① 按照订餐记录定时收餐。早餐可在送餐 30 分钟后，午餐可在送餐 60 分钟后打电话收餐 ② 如果客人已离开房间，请楼层服务员协助打开房门收取餐具。如果客人仍在房间内，应向客人问候，并做自我介绍，得到客人允许后方可收拾餐具 ③ 收餐完毕在离开房间前，要主动询问客人是否需要其他餐饮服务 ④ 送餐服务员收餐完毕、推车出房后，应转身向客人道别，并随手关好房门

要点提示

① 客人用电话形式预订客房送餐，须向客人复述所点菜品名称、分数、送餐房间、送餐时间等内容。

② 早餐按客人要求的送餐时间 20 分钟内送入客房，午餐不超过 30 分钟，晚餐不超过 25 分钟，以保证客人及时用餐。

相关知识

1. 客房送餐方式

（1）门把手菜单预订

只需要将订餐单挂在门口即可，一般适用于早餐预订。

（2）电话预订

电话铃响三声之内接通电话，首先向客人问好，问清人数、姓名、房号、用餐时间、菜肴名称及特殊需要。复述上述内容，防止出错，然后按客人需要开出订单，马上做好准备并开出账单，以便结账。

2. 客房送餐服务评分表

××酒店客房送餐服务评分表见表 5-2。

表 5-2 ××酒店客房送餐服务评分表

项目:		送餐服务（适用于三星级（含）以上）			
日期:		时间:		房号:	
项目	标准——订餐		达到	未达到	分数
1	正常情况下，电话在铃响后三声之内接听		1	0	
2	订餐员接电话时正确问候宾客，同时报出所在部门		1	0	
3	订餐员熟悉房内用膳菜单内容		1	0	
4	订餐员语言清晰，态度亲切		1	0	
5	订餐员重复和确认预订的所有细节		1	0	
6	订餐员主动告知预计送餐时间		1	0	
7	通话完毕，向宾客致谢		1	0	
	标准——送餐		达到	未达到	
8	正常情况下，送餐的标准时间为：		1	0	
		事先填写好的早餐卡：不超过预订时间 5 分钟	1	0	
		临时订早餐：25 分钟内	1	0	
		小吃：25 分钟内	1	0	
		中餐/晚餐：40 分钟内	1	0	
9	送餐时按门铃或轻敲房门（未经宾客许可，不得进入客房）		1	0	
10	礼貌友好地问候宾客		1	0	
11	征询宾客托盘或手推车放于何处		1	0	
12	为宾客摆台、倒酒水		1	0	
13	为宾客解释各种调料		1	0	
14	送餐员主动提醒宾客盘热，小心烫手		1	0	
15	送来的食品与点菜单内容完全一致		1	0	
16	告知送餐托盘与推车回收程序（如提供回收卡，视同已告知）		1	0	
17	送餐完毕，向宾客致意，祝愿宾客用餐愉快		1	0	

续表

项目	标准——订餐	达到	未达到	分数	
	标准——结账	达到	未达到		
18	账单条目清晰、结账准确、及时	1	0		
	标准——菜单与送餐推车	达到	未达到		
19	房内用膳菜单菜式、饮料、甜品品种符合各星级标准要求	1	0		
20	房内用膳菜单中含有两种素食者的选择	1	0		
21	房内用膳菜单外观清洁、保养良好	1	0		
22	送餐推车保持清洁，保养良好	1	0		
23	推车上的桌布清洁，熨烫平整	1	0		
24	送餐推车上摆放鲜花瓶	1	0		
25	餐具与提供的食品正确搭配且清洁卫生	1	0		
26	饮料、食品均盖有防护设施	1	0		
27	口布清洁、熨烫平整、没有污迹	1	0		
28	盐瓶、胡椒瓶及其他调味品盛器洁净，装满	1	0		
	食品质量评价：	很好	较好	一般	
		4	2	1	

迟到的送餐服务

某日晚上10点左右，刚下飞机入住酒店的张先生觉得肚子很饿，于是拨通了酒店的送餐电话。"先生，您需要用些什么？""一条红烧鲤鱼、一份麻辣肥肠和番茄蛋汤，一碗米饭。20分钟送到可以吗？""好的，先生，请稍等。"

30分钟后，餐厅电话响了，"想把人饿死吗？不说是20分钟送到吗？可到现在还没送来！"客人随即便挂断电话。接到客人投诉后，送餐服务员立即通知餐饮部，并再次催促厨房。10分钟以后，晚餐终于送进了张先生房间。

评析

本案例中，客人所点菜肴与他跟催的时间显然是不符合的，因为红烧鲤鱼的烹饪时间较长。所以，作为订餐员首先要对客人所点的菜肴有所了解，这样才能给客人一个明确的答复，当客人订完餐后即可告知确切的时间。若某一菜肴制作较麻烦，所需时间较长，应事先向客人说明，避免引起投诉。酒店给客人的任何承诺都必须做到、做好，这关系到酒店的声誉。

5.2 自助餐服务

实训目的

通过对自助餐服务基础知识的讲解和操作技能的训练，使学生了解自助餐的服务形式和特点、设计自助餐需考虑的要素、服务员的工作任务等，掌握自助餐的服务程序与操作标准，达到能够熟练进行自助餐服务的训练目的。

实训方法

首先由教师示范讲解，然后在教师的指导下师生共同组织设计一次自助餐宴会，学生动手操作训练。在学生操作训练过程中，教师进行指导，学生反复强化训练，达到熟练掌握该项操作技能的目的。

实训准备

餐桌、餐椅、餐具、布草类、餐台。

实训内容

① 摆台；
② 布置自助餐台；
③ 开餐服务；
④ 餐间服务；
⑤ 结账送客；
⑥ 结束工作。

程序与操作标准

自助餐服务的操作标准与要求见表5-3。

表5-3 自助餐服务的操作标准与要求

操作程序	操作标准与要求
餐前准备	① 工作前要洗手，随时注意自己的仪容仪表，保持良好的精神状态 ② 检查所用的餐具、电器设备设施等和需要使用的物品是否备齐 ③ 做好餐厅的卫生并随时观察是否有客人进入餐厅 ④ 准备好自助餐摆台的用具和夹食品的食品夹 ⑤ 备好餐中所需的水果、饮料、食品、易耗品、汁酱等，为迎接客人做好充分的准备 ⑥ 从迎宾员处了解客人订餐情况，进行适当的备餐准备
餐中服务	① 迎宾员站在迎宾台，随时迎接客人，带客人进餐厅并询问客人的人数，适当调整餐具和餐位，并为客人拉椅让座 ② 客人到齐后和迎宾员核对人数，迎宾员向服务员交代人数 ③ 客人离位取食物时，服务员应主动为客人拉椅并提醒客人随身携带贵重物品。客人要求服务员帮忙看其物品的，服务员要认真地帮客人看好 ④ 及时地为客人撤换用过的餐碟，保持桌面的清洁。客人吸烟时要及时为客人点烟，备好烟灰缸 ⑤ 及时为客人添加纸巾和牙签、酒水、饮料，根据客人的要求为客人适量取食物 ⑥ 客人用完热菜后，如要用甜品或水果时，为客人撤去不用的餐具并准备好茶水及准备好账单 ⑦ 负责自助餐台的员工要保持自助餐台和食品夹的干净和整洁，及时添加快用完的食品，保证客人有足够的食品享用 ⑧ 吧员要负责客人用的水果和饮料的补充 ⑨ 若有火锅服务的，要及时为客人添加酒精和汤 ⑩ 当客人需要结账时，服务员按结账的程序结账，并向客人致谢
餐后收尾工作	① 整理桌椅并将其摆正，检查是否有客人遗留的物品，如有要及时上报当班领班或大堂副理 ② 检查餐具是否有丢失或破损 ③ 快速地检查台面，整理餐椅并定位，按先收拾口布、杯具、易耗品再收拾不锈钢餐具、瓷器的顺序收餐 ④ 按规定为下一餐摆台，保持餐具的整洁和无破损 ⑤ 清洁工作台和食品台，并按要求进行备餐 ⑥ 不锈钢等贵重的餐具洗干净后要用干布擦干并放入工作柜，做好记录 ⑦ 当客人全部离开后切断主照明 ⑧ 关闭空调并做好地板的卫生工作，随时保持地板的卫生清洁 ⑨ 检查各项工作是否做完，并检查电源等是否切断，和下一班的人员做好交接

要点提示

① 自助餐餐厅的布置要科学合理，餐厅的布置要与餐台面积、餐台空间、就餐人数等相适应，既要方便客人取菜又要便于服务员服务。

② 要准备足够的餐用具，确保客人使用。

③ 自助餐菜品、餐具摆放要布局合理、客人取用方便。菜点摆放要分类，摆放顺序一般为先冷菜，然后依次为汤、热菜、甜品、水果等。

④ 随时注意菜点供应量的变化，做好及时添加工作。

⑤ 注意供应菜点的温度，做到凉菜要凉，热菜要热。

⑥ 开餐前15分钟要将菜点上齐，热菜要加盖，并配有暖锅保温。

⑦ 客人就餐期间服务员要及时巡台、整理台面，视情况添加菜点。

案例分析

自助餐上的香蕉

一位美国客人入住某饭店，他个性孤僻，不喜言笑且为单身。他在酒店住了一周，几乎从不开口，不跟任何人打招呼，难得让人看到他的微笑。楼层服务员觉得这位客人极难伺候，任凭他们如何笑脸相待、主动招呼，得到的总是一张铁板的脸，而且天天如此。

一天早上，他去自助餐厅吃早饭。当吃完自己挑选的食品后，便开始在台上寻找什么东西。服务员小梅壮胆询问他，但他还是一张冷峻的脸，小梅窘得双颊发红。当他正欲步出餐厅时，小梅又一次笑容满面地问他是否需要帮助。也许是小梅的诚意感动了他，他终于吐出"香蕉"一词，这下小梅明白了。第二天早上，当客人同平时一样又来到自助餐厅时，一盘黄澄澄的香蕉吸引了他的注意力，紧绷的脸第一次有了一丝微笑，站在一旁的小梅也喜上眉梢，她终于领悟到了"精诚所至，金石为开"的道理。

接下来的几天里，酒店每天早餐都特地为他准备了香蕉。

几个月后，这位客人又来到该酒店。当他第二天一早步入自助餐厅时，一眼就看到了酒店为他准备的一大盘香蕉。这位"金口难开"的客人看到小梅，第一次主动询问是不是特意为他准备的香蕉。小梅嫣然一笑，告诉他昨晚总台服务员已经告知餐厅他将入住酒店的信息。

"太感谢你们了！"美国客人几个月来第一次向酒店表示了发自内心的感谢。

评析

酒店全心全意为客人服务，得到客人的好评，这在酒店业中极为常见。可是本案例中那位沉默寡言的美国客人的一个微笑、一声道谢，其含"金"量却非同一般，小梅等人是用自己的真情使美国客人开启了他紧闭的嘴，"熔化"了铁铸的脸。

自助早餐准备一些香蕉不是一件难事，重要的是去探究客人的心理，了解他们的需求。这位美国客人对香蕉情有独钟的信息不仅餐厅知道，连总台都掌握，可见该酒店极为重视有关客人特殊需求的信息。

此外，该酒店的信息传递渠道畅通，客人晚上到达，第二天早上餐厅已经有了准备，酒店的服务效率由此可见一斑。

5.3 酒会服务

实训目的

通过对酒会服务基础知识的讲解和操作技能的训练，使学生了解酒会服务的内容与要求，熟知酒会中所提供的酒水及简单的菜肴和甜点，达到能够熟练进行酒会服务的训练目的。

实训方法

首先由教师示范讲解，在教师的指导下，师生共同设计一场酒会，学生进行角色扮演。在学生操作训练过程中，教师进行指导，学生反复强化训练，达到熟练掌握操作技能的目的。

实训准备

实习餐厅、酒水吧台、酒水车、餐桌、餐椅、酒具、茶具、酒会预订单、通知单、打火机、围裙、托盘、口布等。

实训内容

① 准备工作；

② 迎宾工作；
③ 酒水服务；
④ 小吃服务；
⑤ 结账收台。

程序与操作标准

酒水服务的操作标准与要求见表 5-4。

表 5-4 酒水服务的操作标准与要求

操作程序	操作标准与要求
准备工作	① 根据"宴会通知单"的要求摆放餐桌、桌椅，准备所需的各种设备 ② 临时性酒吧由酒吧服务员负责在酒会前 45 分钟准备好，根据通知单的要求准备各种规定的酒水、冰块、调酒用具和足够数量的杯具等 ③ 将足够数量（一般是到席人数的三倍数量）的甜品盘、小叉、小勺放在食品台的一端或两侧，中间陈列小吃、菜肴。高级鸡尾酒会还应准备肉车为宾客切割牛柳、火腿等 ④ 摆放小桌，桌上按规定放好花瓶、餐巾纸、烟灰缸、牙签盅等物品 ⑤ 宴会厅主管根据酒会出席人数按比例配备服务人员（一般为 10:1）
迎宾工作	① 服务员按指定位置站立就位，恭候宾客到来 ② 客人到达餐厅，迎宾员面带微笑向宾客问好 ③ 用计数器统计来宾人数
酒水服务	① 负责托送酒水的服务员用托盘托送斟好酒水的杯子，自始至终在客人中巡回，由客人自己选择托盘上的酒水或另外点订酒水 ② 酒水服务员行走时如遇人多、拥挤而不能通过时，应礼貌地对客人说"对不起，请让一下好吗？"待客人让开时再通过，并向客人表示感谢 ③ 鸡尾酒由客人在吧台向调酒服务员点要，现点现调 ④ 当客人祝酒时，酒水服务员要及时托让酒水。如有香槟酒，要保证祝酒时人手一杯香槟酒 ⑤ 空酒杯要有专人负责回收，以保持桌面清洁。不能边让酒边收空杯，那样很不卫生。如客人将用过的酒杯主动放在服务员的托盘上而另换一杯酒水时，服务员不要制止客人，以免造成客人误会或反感 ⑥ 酒会到最后时，一般上冰淇淋，这时要集中力量托送冰淇淋，可留少数服务员继续托送酒水，冰淇淋必须在酒会结束前 10 分钟上齐
小吃服务	① 在酒会开始前，把各种干果摆在小桌子上，前 10 分钟把各式面包托摆在小餐桌上 ② 酒会开始后，陆续上各种热菜、热点，并随时注意撤回空盘，保持桌面清洁 ③ 服务小吃的服务员最好跟在托酒服务员的后面，以便客人取拿 ④ 在酒会结束前，给每张小餐桌上摆放一盘餐巾

续表

操作程序	操作标准与要求
结账收台	① 酒会结束时，服务员应热情礼貌地欢送客人，并欢迎客人再次光临 ② 包价付费的酒会，应将账单整理好后请主办单位负责人签字后交至收银台 ③ 非包价付费的酒会，服务人员应填好账单并请主办单位负责人签字后交至收银台，以后由主办单位一次付清。管理人员在开餐前会时应向服务员讲明收费方式 ④ 清洗餐酒用具，清扫场地，为下一餐做好准备

要点提示

① 调酒员应熟悉各种酒水的制作原料、制作工艺和酿造期，熟悉各种鸡尾酒的调制方式，掌握丰富的推销知识和技巧。

② 服务员应分区负责，并迅速、准确为客人递送酒水、添加点心和小吃。

③ 主人讲话或祝酒时，服务员要主动配合，保证酒水供应。要随时留心观察客人的需求，回答客人的问题，提供有针对性的服务。

④ 坚持使用托盘服务，服务中托盘不离手。

⑤ 有些酒会，主办单位允许客人随意点酒水，由服务员记账，最后由主办单位一次付清。而有些则是主办单位只负责酒会标准内的酒水费用，超出标准的费用由客人自付。此时，服务员要及时向点酒水的客人说明情况，并及时结账，以免出错。

相关知识

1. 鸡尾酒会

鸡尾酒会（Cocktail Party）是西式招待会的一种。从鸡尾酒会的主题来看，有节日庆祝、欢迎企业代表团访问、开幕和闭幕典礼、文艺、体育招待演出等。酒会形式较活泼，便于客人广泛接触交谈。鸡尾酒会以供应酒水为主，略备小吃，不设座椅，仅置小桌（或茶几），以便客人随意走动。鸡尾酒会举行的时间亦较灵活，中午、下午、晚上均可。请柬上往往注明整个活动持续的时间，客人可在期间任何时候到达或退席，来去自由，不受约束。鸡尾酒是用多种酒配成的混合饮料，鸡尾酒会上不一定都用鸡尾酒，但通常用的酒类品种较多，并配各种果汁，不用或少用烈性酒。食品多为三明治、面包托、小香肠、炸春卷等各种小吃，以牙签取食。饮料和食品由服务员用托盘端送，或部分放置在小桌上。

5.4　会议服务

实训目的

通过对会议服务基础知识的讲解及操作技能的训练,使学生了解会议服务的种类与特点、会议服务的场地布置和使用的设备器材等,掌握会议服务的操作程序及操作技巧,达到操作规范、技能娴熟的训练目的。

实训方法

首先由教师示范讲解,然后学生动手操作训练。在学生操作训练过程中,教师进行指导,学生反复强化训练,达到熟练掌握操作技能的目的。

实训准备

餐桌、餐椅、会议桌椅、笔、纸、讲台、话筒、桌布、桌花、桌裙、餐具、餐碟等。

实训内容

① 会议服务;
② 贵宾厅服务;
③ 签字仪式服务。

程序与操作标准

工作任务一：会议服务程序与标准

会议服务程序与标准见表5-5。

表 5-5 会议服务程序与标准

操作程序	操作标准与要求
会议准备	① 根据会议预订的要求，将所需的各种用具和设备准备好 ② 根据已确定好的台形图布置会场 ③ 布置好贵宾休息厅 ④ 会议摆台 ⑤ 布置好会议用的水吧，备齐会议用水或会议用酒 ⑥ 调试各种设备 ⑦ 会议开始前 30 分钟，将会议指示牌放在指定的位置上 ⑧ 服务员在规定的位置站好，准备迎接客人
会议服务	① 会议开始后，服务员站在会议室的后面、侧面或会议室的门外 ② 保持会议室四周安静 ③ 通常每半小时左右为客人更换一次烟灰缸、添加冰水等，但要尽量不打扰客人开会，特殊情况可按照客人要求服务 ④ 会议中间休息时，要尽快整理、补充和更换各种用品
会后服务	① 会议结束后，礼貌地送客，并提醒客人带好会议文件资料及随身物品 ② 仔细地检查一遍会场和文件，看是否有客人遗忘的东西 ③ 协助经理为会议客人结账 ④ 收拾会议桌，清扫会场 ⑤ 清洗会议用杯，分类复位 ⑥ 协助工程部门撤掉会议所需设备，注意轻拿轻放，防止损坏

工作任务二：贵宾厅服务程序与标准

贵宾厅服务程序与标准见表 5-6。

表 5-6 贵宾厅服务程序与标准

操作程序	操作标准与要求
准备	① 根据订单所标明的人数和房间地点，将茶杯、烟灰缸、火柴、鲜花等准备好 ② 根据订单人数，将沙发和茶几摆放好 ③ 茶几中央摆放鲜花、烟灰缸、火柴，检查摆放效果以及房间情况，以房间整洁、美观、舒适为准
迎接客人	① 迎宾员站在门外一侧（与客人到来方向相对），迎候客人 ② 客人抵达，应主动上前问好 ③ 为客人提供衣帽服务 ④ 用手示意客人并说："请您这边走。"引领客人入座

续表

操作程序	操作标准与要求
服务	① 为客人服务茶水 ② 按客人要求服务其他饮料 ③ 在客人谈话中断间隙，为客人添加饮料 ④ 等候服务时，服务人员要保持正确站姿

工作任务三：签字仪式程序与标准

签字仪式程序与标准见表 5-7。

表 5-7　签字仪式程序与标准

操作程序	操作标准与要求
摆台	① 根据订单的要求和人数，确定签字台的大小和位置，签字台后侧留出空间。排两列时，留 2 米宽；排一列时，留 1.5 米宽 ② 签字台为长方台，要摆上台裙，台前面摆放花卉，桌面放鲜花 ③ 签字台后摆放略长于签字台的屏风 ④ 摆放好其他设备，如麦克风、横幅、国旗等
准备	① 根据订单的要求和人数，将酒水、酒杯、服务托盘、茶杯等准备好 ② 了解会议进程，检查所有设备完好情况，保证签字仪式顺利进行
酒水服务	① 客人签字完毕后，服务员要立刻用托盘将酒水送到所有客人面前 ② 主要客人要有专人服务，呈上酒水 ③ 待客人干杯后，要立刻用托盘将空酒杯撤走

要点提示

① 要了解举办酒会的单位及目的、宴请宾客的情况等信息。
② 了解酒会的联系人及联系方式，以便出现特殊情况时能够及时联系。
③ 了解酒会的结账方式，以便在客人点酒水、菜肴时给予相应的提示，避免跑单。

相关知识

1. 会议的种类

① 研讨会议；

② 培训会议；
③ 社团会议；
④ 公益性/技术性论坛；
⑤ 订货交流会议；
⑥ 学术交流会；
⑦ 签字仪式；
⑧ 联谊会；
⑨ 茶话会；
⑩ 拍卖会。

2. 会议服务的场地布置

会议场地的安排布置依据会议方式及出席人数而有所不同，会议桌椅的安排大致有礼堂型、教室型、"U"字形、"口"字形、"T"字形、"一"字形、鱼骨形等几种类型。

3. 会议餐饮的服务方式

会议餐饮的服务方式有以下两种。

（1）中间休息时间客人自由取用

会议期间需要的餐饮服务，除了会期内的正餐及大型酒会服务外，还可在会议中间的休息时间提供茶点，由服务人员依照与会人数适量安排咖啡、红茶及一些点心，供会议休息时间客人取用。这些茶点通常安排在会议场地的后侧空间，或是场外的适当空间，餐台上要摆放餐盘、咖啡杯盘、咖啡勺、糖盅、各式点心、水果、水果叉、果碟、餐巾等，供客人自由取用。用完后，服务员需立即将用过的餐盘、餐具收回，并整理餐台，清洗餐具，打扫卫生。

（2）服务人员以分派方式服务

一些小型会议，客人会要求服务人员将茶点以分派的方式服务，服务人员需将空咖啡杯服务上桌，再依次为客人服务咖啡、茶及甜点。

这种会议餐饮服务需要配合会议时间进行，有时会议的进行无法如预期的一样，现场服务人员要与会议的负责人充分配合，灵活处理。另外，在会议休息期间，服务人员需要进入会场，将桌面上的水杯重新加满开水或矿泉水，以便使下一场会议顺利进行。

附录 A

餐厅服务员国家职业标准

1. 职业概况

1.1 职业名称

餐厅服务员。

1.2 职业定义

为顾客安排座位、点配菜点,进行宴会设计、装饰、布置,提供就餐服务的人员。

1.3 职业等级

本职业共设 5 个等级,分别为:初级(国家职业资格五级)、中级(国家职业资格四级)、高级(国家职业资格三级)、技师(国家职业资格二级)、高级技师(国家职业资格一级)。

1.4 职业环境条件

室内、常温。

1.5 职业能力特征

头脑灵活,具有迅速领会和理解外界信息的能力,并具有准确的判断能力,较强的语言表达和理解能力,准确的运算能力,手、脚、肢体动作灵活、协调,视觉敏锐,能准确地完成既定操作。

1.6 基本文化程度

初中毕业。

1.7 培训要求

1.7.1 培训期限

全日制职业学校教育，根据其培养目标和教学计划确定。晋级培训期限：初级不少于400标准学时；中级不少于350标准学时；高级不少于250标准学时；技师不少于150标准学时；高级技师不少于100标准学时。

1.7.2 培训教师

培训初级或中级餐厅服务员的培训教师必须具有本职业高级以上职业资格证书或本专业讲师以上专业技术职务；培训高级餐厅服务员的教师必须具有本职业技师以上职业资格证书或专业高级技师职业资格证书或本专业高级讲师以上专业技术职务；培训高级技师的教师应具有本职业高级技师资格证书2年以上或具有相关专业高级专业技术职务。

1.7.3 培训场地设备

满足教学需要的标准教室。模拟教学场地布局合理，设备、设施齐全，符合国家有关安全、卫生标准。

1.8 鉴定要求

1.8.1 适用对象

从事或准备从事本职业的人员。

1.8.2 申报条件

——初级（具备以下条件之一者）

（1）经本职业初级正规培训达规定标准学时数，并取得毕（结）业证书。

（2）在本职业连续见习工作2年以上。

（3）本职业学徒期满。

——中级（具备以下条件之一者）

（1）取得本职业初级职业资格证书后，连续从事本职业工作3年以上，经本职业中级正规培训达规定标准学时数，并取得毕（结）业证书。

（2）取得本职业初级职业资格证书后，连续从事本职业工作5年以上。

（3）取得经劳动保障行政部门审核认定的，以中级技能为培养目标的中等以上职业学校本职业（专业）毕业证书。

——高级（具备以下条件之一者）

（1）取得本职业中级职业资格证书后，连续从事本职业工作4年以上，经本职业高级正规培训达规定标准学时数，并取得毕（结）业证书。

（2）取得本职业中级职业资格证书后，连续从事本职业工作7年以上。

（3）取得高级技工学校或经劳动保障行政部门审核认定的，以高级技能为培养目标的职业学校本职业（专业）毕业证书。

（4）取得本职业中级职业资格证书的大专以上毕业生，连续从事本职业工作 2 年以上。

——技师（具备以下条件之一者）

（1）取得本职业高级职业资格证书后，连续从事本职业工作 5 年以上，经本职业技师正规培训达规定标准学时数，并取得毕（结）业证书。

（2）取得本职业高级职业资格证书后，连续从事本职业工作 8 年以上。

（3）取得本职业高级职业资格证书的高级技工学校毕业生，连续从事本职业工作 2 年以上。

——高级技师（具备以下条件之一者）

（1）取得本职业技师职业资格证书后，连续从事本职业工作 3 年以上，经本职业高级技师正规培训达规定标准学时数，并取得毕（结）业证书。

（2）取得本职业技师职业资格证书后，连续从事本职业工作 5 年以上。

1.8.3　鉴定方式

分为理论知识考试（笔试）和技能操作考核。理论知识考试满分为 100 分，60 分以上为合格。理论知识考试合格者参加技能操作考核。技能操作考核分项打分，满分为 100 分，60 分以上为合格。技师、高级技师还须进行综合评审。

1.8.4　考评人员和考生的配比

理论知识考试每个标准考场每 30 名考生配备 2 名监考人员；初级、中级技能操作考核每 2 名考生配备至少 1 名考评员，高级、技师、高级技师技能操作考核每 1 名考生配备 1 名考评员。

1.8.5　鉴定时间

理论知识考试为 120 分钟，技能操作考核初级 30 分钟，中级 40 分钟，高级 50 分钟，技师、高级技师 90 分钟。

1.8.6　鉴定场所和设备

理论知识考试在标准教室里进行，技能操作考核场所要求在正规的餐厅或等同于正规餐厅的模拟餐厅，桌椅、工作台等必备物品齐全，设备、设施安全，卫生符合国家规定标准。

2. 基本要求

2.1　职业道德

2.1.1　职业道德基本知识

2.1.2　职业守则

（1）热爱本职工作，忠于职守，对消费者高度负责。

(2) 热忱服务，讲究服务质量，自觉钻研业务，紧跟社会发展需要，不断开拓创新。

(3) 树立为人民服务的思想，顾客至上，尊师爱徒。

(4) 讲文明，讲礼貌，遵守国家法律及政策法规。

2.2 基础知识

2.2.1 饮食服务卫生知识

(1) 食品卫生基础知识。

(2) 食品卫生质量的鉴别方法。

(3) 预防食物污染、食物中毒和有关的传染病。

(4) 饮食业食品卫生制度。

(5) 中华人民共和国食品卫生法。

2.2.2 礼节礼貌知识

2.2.3 饮食风俗与习惯

2.2.4 服务安全知识

3. 工作要求

本标准对初级、中级、高级、技师、高级技师的技能要求依次递进，高级别包括低级别的要求。

3.1 初级

职业功能	工作内容	技能要求	相关知识
一、接待服务	（一）接待	能准确、规范地使用文明礼貌用语。热情、规范地接待顾客，微笑服务	
	（二）菜肴、食品介绍及服务	能耐心地向顾客介绍菜肴、食品，并将顾客所选菜肴、食品清楚准确地填入菜单	零餐接待服务知识
二、餐巾折叠	（一）餐巾折叠	能运用不同的折叠技法将餐巾折叠成20种以上不同的花形，花形规范有形	1. 餐巾折叠技艺知识 2. 根据风俗习惯选择餐巾花形的知识
	（二）餐巾花形的选择、摆放与舞台摆设	餐巾花选择、摆设要协调、艺术	

续表

职业功能	工作内容	技能要求	相关知识
三、端托服务	（一）理盘	能按卫生要求整理托盘，达到无菌、整洁、美观、安全、方便服务的要求	1. 托盘使用知识 2. 端托服务形体训练知识
	（二）装盘	能按规范装摆物品，码放整齐、合理，重量分布适宜	
	（三）端托	1. 托盘能端托到位，端托平稳 2. 能按所托物品选择适宜的步伐	
四、摆台服务	（一）选择餐台	能根据客人就餐人数选择适宜的餐台	1. 摆台的基本知识及操作规范 2. 摆台卫生知识
	（二）铺台布	能按规范铺台布	
	（三）摆台	1. 能按就餐需要及摆台规范标准，摆放餐、酒用具 2. 能做到餐台及餐、酒用具摆放规范，且符合客人要求，便于服务操作	
五、酒水服务	（一）选酒（饮料）并开启	1. 能准确、及时地向客人提供酒（饮料）单 2. 能根据酒（饮料）的种类，选用适当的方法开启酒（饮料）容器	1. 酒类基本知识 2. 饮料基本知识
	（二）斟酒（饮料）	1. 能准确选择斟酒（饮料）位置，采用标准姿势和正确程序为顾客斟酒（饮料） 2. 能做到斟酒（饮料）量恰当，保证斟酒（饮料）服务安全	1. 斟酒服务知识 2. 斟酒形体知识
六、上菜服务	（一）介绍菜品	1. 能准确报出菜品名称 2. 能介绍菜品特点 3. 能介绍特殊菜品的食用方法	一般菜肴介绍
	（二）上菜	1. 能采用正确的程序和规则上菜 2. 能准确选择上菜位置，动作规范、准确 3. 上菜能规范摆放，保证操作安全	1. 上菜的基本程序和规则 2. 上菜的礼节
七、撤换菜品及餐、酒用具	（一）撤换餐、酒用具	能按礼仪及卫生规范要求，正确、及时地撤换餐、酒用具	撤换菜品及餐、酒用具的知识
	（二）撤换菜肴、食品	能按进餐速度及时撤换餐台上的残菜	
	（三）撤换餐巾、毛巾、台布	1. 能根据客人用餐中餐巾、小毛巾的使用情况及时进行补充、撤换 2. 收台后能及时撤换台布	

3.2 中级

职业功能	工作内容	技能要求	相关知识
一、接待服务	（一）接待	能主动引客入座，并热情服务	1. 名菜、名点的特点 2. 零点、团体菜单的编配知识
	（二）点配菜点	1. 能主动介绍特色菜点 2. 能按顾客需求，编配团体餐菜单	
二、折叠餐巾	折叠餐巾	能运用不同技法，折叠30种以上餐巾花形（杯花、盘花），形象逼真	餐巾折叠技艺
三、摆台服务	（一）餐前准备	开餐前能做好菜单、酒水（饮料）、餐具、用具等各项准备工作	宴会摆台知识
	（二）中、西餐宴会餐台布局与摆设	1. 能根据宴会需要，选择适宜的餐台，合理安排宴会餐台布局及摆设 2. 能正确安排宴会的宾主桌次与座次	
四、酒水服务	（一）特殊酒水开启	能够运用正确方法开启特殊酒水	1. 中国酒的分类与特点 2. 外国酒的分类与特点 3. 特殊酒水的开启、饮用方法
	（二）特殊酒水服务	能够运用正确方法进行特殊酒水斟倒服务	特殊酒水斟酒服务程序
	（三）酒水保管	能够进行酒水日常保管及服务中的保管	酒水日常保管方法
五、分菜服务	（一）分菜	能够运用正确方法进行宴会分菜服务	分菜服务的基本原则与方法
	（二）分鱼	按鱼的不同品种及烹调方法，能独立完成各式整形鱼的分菜服务	1. 整形菜拆分原则及操作规范 2. 常见水产品的种类与服务知识 3. 畜、禽类原材料的品种、加工与服务知识
	（三）整（造）型菜肴拆分	能对整鸡、整鸭及整体造型菜肴进行拆分服务，做到手法准确、动作利落，符合卫生要求和操作规范	
六、餐、酒用具管理	（一）餐、酒用具的配备、使用	1. 能正确配用餐、酒用具 2. 能按就餐顾客的实际需求配备相应数量的餐、酒用具	餐具、酒具、用具的配备、使用与保管知识
	（二）餐、酒用具的合理保管	能对使用后的餐、酒用具进行妥善保管	

3.3 高级

职业功能	工作内容	技能要求	相关知识
一、接待服务	接待	能够运用恰当的语言艺术独立接待中外就餐宾客	餐厅服务艺术用语
二、摆台服务	（一）中、高档宴会餐厅布置	能独立布置宴会厅，达到规范、典雅、方便、适用的要求	餐厅的布局、装饰与陈设知识
	（二）中、高档中餐宴会摆台	能独立完成中、高档中餐宴会摆台操作	中餐宴会摆台知识
	（三）中、高档西餐宴会及甜点摆台	能独立完成中、高档西餐宴会及西餐甜点摆台操作	1. 西餐宴会摆台知识 2. 西餐甜点摆台知识
	（四）中、西餐宴会餐台插花	能独立完成中、西餐宴会餐台插花	餐台插花知识
	（五）冷餐会、自助餐、茶话会、酒会摆台	能合理布置冷餐会、自助餐、茶话会、酒会餐厅及餐台	冷餐会、自助餐、茶话会、酒会摆台知识
三、宴会服务	（一）高档酒水质量鉴别与斟倒服务	1. 能运用看、嗅、品的方法对酒品进行鉴别 2. 能进行高档酒水和鸡尾酒斟倒服务	1. 酒品鉴别基本方法 2. 鸡尾酒的种类与特点
	（二）名菜、名点服务	能够进行名菜、名点服务	1. 特殊加工制作菜肴的特点、加工方法及服务 2. 名菜、名点的产地、特点及服务方式
	（三）茶艺服务	能够根据茶的不同饮用方法进行茶服务	1. 茶的种类及特点 2. 茶艺服务基本知识
	（四）营养配套	能根据消费者的需求拟定符合营养要求的高档宴会菜单	1. 营养基本知识 2. 宴会菜单的种类、作用和编制方法
四、餐、酒用具管理	高档餐、酒用具的使用、保管	能运用正确的方法使用、保管高档餐、酒用具	高档玻璃、金银器皿等高档餐酒用具的使用与保管方法

续表

职业功能	工作内容	技能要求	相关知识
五、餐厅管理	（一）经营与销售	能够合理安排人力、物力，组织经营销售	餐厅服务与管理知识
	（二）沟通与协调	1. 能够及时将顾客的消费信息反馈给烹调师及有关人员 2. 能够组织协调餐厅服务与其他各个环节的关系	1. 市场预测知识 2. 服务与消费的关系 3. 餐厅服务与厨房制作的关系
	（三）妥善处理问题	具有一定的应变能力，能解决顾客提出的服务问题	公共关系基本知识
六、培训指导	培训指导	能够对初、中级餐厅服务员进行指导	

3.4 技师

职业功能	工作内容	技能要求	相关知识
一、宴会组织	（一）特殊宴会的组织	能完成普通宴会、高档宴会、主题宴会、素食宴会、清真宴会等不同类型宴会的食品供应，餐、酒用具的配备，人员的配备与落实等宴会组织与实施工作	1. 宴会的组织与分工知识 2. 餐、酒具用具的配备知识
	（二）餐台设计与装饰	能够完成餐台台面的设计，并进行合理的美化	1. 餐台台面设计知识 2. 餐厅装饰、布置与宴会设计知识 3. 园艺、绿化知识
	（三）餐厅布局与装饰	能对餐厅内外设备、设施及陈设与布局进行合理设计、调整，达到美观、实用的要求，并利用花草等植物对餐厅环境进行美化	
二、餐厅管理	（一）组织管理	根据经营销售要求，组织、指挥服务人员完成销售指标	市场营销与导餐服务管理知识
	（二）质量管理	1. 能适应市场发展需求，运用服务设备、设施，改善与创新服务方式，提高服务质量 2. 能按季节、节日调整服务方式及服务供应品种 3. 能够鉴别餐饮产品及商品的一般质量	1. 服务质量与标准知识 2. 食品卫生质量的鉴别方法 3. 食品原料知识
	（三）成本管理	1. 能正确制定饮食产品价格 2. 能准确计算饮食产品毛利率 3. 能准确计算宴会成本	饮食业成本核算知识

续表

职业功能	工作内容	技能要求	相关知识
二、餐厅管理	（四）设备、设施管理	能指导服务人员正确使用及保养餐厅内的设备、设施	餐厅设施、设备的配备与管理知识
	（五）协调管理	1. 能协调烹饪与服务的关系，开展高效益的经营与销售 2. 能反馈消费信息，对菜肴制作提出合理化的改革与创新建议	1. 烹饪与饮食服务的关系 2. 消费与饮食心理需求知识
三、公共关系	（一）妥善处理服务中的突发事件	能够及时、妥善处理服务中的突发事件	妥善处理服务中突发事件的知识
	（二）涉外礼仪	能运用恰当的方式接待不同国家、不同民族、不同地区的顾客	涉外礼仪知识
四、培训指导	（一）专业培训	能够按培养目标要求，组织实施培训	1. 餐厅服务实施与指导 2. 教学法常识 3. 服务心理学知识 4. 餐厅服务与管理 5. 论文写作常识
	（二）日常培训	能对所管辖员工的日常工作随时随地进行指导，讲解关键技术要领，亲自示范，言传身教	
	（三）撰写论文	能够撰写有一定水平的论文	

3.5 高级技师

职业功能	工作内容	技能要求	相关知识
一、餐饮服务的设计与创新	（一）餐饮服务设计	1. 能设计富有时代特色的宴会布置格局 2. 能策划、组织中西餐大型宴会活动及酒会、自助餐、冷餐会或各种命题的饮宴活动 3. 能进行茶市、舞厅（卡拉OK厅）、酒吧、咖啡厅的布置与整体设计	1. 旅游饭店管理知识 2. 餐厅接待服务知识 3. 宴会的组织与服务知识 4. 餐厅的布局、装饰与陈设知识
	（二）服务创新	能结合市场需求，开发、设计新的服务内容，以引导服务工作不断创新、发展	国外餐饮服务发展趋势
二、餐厅管理	（一）日常管理	1. 能合理调配餐厅人员，创造最佳劳动效率 2. 能做好部门、人员协调工作 3. 设置服务接待大事记，能进行宴会档案管理	1. 档案管理常识 2. 公共关系常识

续表

职业功能	工作内容	技能要求	相关知识
二、餐厅管理	(二) 解决疑难问题	能够处理服务、销售中出现的各种疑难问题及突发事件	3. 营销基础知识 4. 服务与消费的关系
二、餐厅管理	(三) 经营管理	1. 能够进行市场需求预测，不断修订、调整经营计划 2. 能积极开发新市场，扩大销售量，保证完成经营利润指标 3. 能正确运用服务与消费的关系，制定相应营销策略，成功地推动市场	3. 营销基础知识 4. 服务与消费的关系
三、培训指导	培训指导	1. 能够编制餐厅服务员培训讲义 2. 能够撰写较高水平的论文	教育学、心理学基本知识
四、外语应用	外语应用	1. 具有基本的外语会话能力 2. 能够借助工具书查阅、翻译本专业资料	外语日常用语和基本的专业外语用语

4. 比重表

4.1 理论知识

项目			初级/%	中级/%	高级/%	技师/%	高级技师/%
基本要求		职业道德	15	5	5	5	5
基本要求	基础知识	饮食服务卫生知识	40	30	20	20	10
基本要求	基础知识	礼节礼貌知识	40	30	20	20	10
基本要求	基础知识	饮食习俗与习惯	40	30	20	20	10
基本要求	基础知识	服务安全知识	40	30	20	20	10
相关知识	接待服务	餐厅接待服务知识	30	30	20	—	—
相关知识	接待服务	酒水、饮料服务知识	15	15	10	—	—
相关知识	接待服务	餐厅装饰与布置	—	10	10	5	—
相关知识	接待服务	餐、酒用具管理	—	—	10	5	—
相关知识	接待服务	食品营养	—	—	10	5	5
相关知识	接待服务	商品原材料知识	—	—	—	5	5
相关知识	接待服务	烹饪与制作知识	—	—	5	5	5

续表

项	目		初级/%	中级/%	高级/%	技师/%	高级技师/%
相关知识	宴会服务	宴会的组织与服务	—	—	5	5	10
		宴会设计	—	—	—	10	10
	餐厅管理	设备设施管理	—	—	5	5	5
		成本核算	—	—	—	5	5
		公共关系与协调	—	—	5	5	5
		市场营销管理	—	—	—	5	5
	培训指导	心理学知识	—	—	—	5	5
		培训方案	—	—	—	10	5
		培训组织与实施	—	—	—	5	10
	外语应用	外语应用	—	—	—	—	10
合 计			100	100	100	100	100

4.2 技能操作

项	目		初级/%	中级/%	高级/%	技师/%	高级技师/%
技能要求	接待服务	开餐前准备工作	5	5	5	—	—
		点配菜点	5	10	—	—	—
	餐巾折叠	餐巾花形折叠	20	15	10	10	—
	端托服务	托盘端托服务	10	10	5	—	—
	摆台服务	中西餐餐台摆设	30	20	20	15	—
	酒水服务	酒水斟倒	10	10	10	5	—
	上菜服务	上菜服务	10	—	—	—	—
	分菜服务	分菜服务	—	15	—	—	—
	撤换菜品及餐、酒用具（餐、酒用具管理）	餐间撤换菜品及餐、酒用具（餐、酒用具管理）	10	5	—	—	—

续表

项 目			初级/%	中级/%	高级/%	技师/%	高级技师/%
技能要求	宴会服务（宴会组织）	餐台设计与布局	—	5	15	20	30
		设备配备与管理	—	—	5	10	10
		菜单编制与拟定	—	5	10	10	10
		人员组织与配备	—	—	—	—	10
		餐厅布局设计	—	—	—	10	20
		餐厅插花、绿化	—	—	20	20	20
合 计			100	100	100	100	100

附录 B

某五星级酒店西餐厅正餐零点菜单

APPETIZER 开胃菜　　　　　　　　　　　　　**PRICE：RMB**（价格：人民币）

ANTIPASTO MISTO　意大利特色开胃头盘　　　　76.00
Assorted Italian delicatessen cold meats, served with fresh arugula leaves
正宗的意大利开胃冷切肉，配精选的芝麻菜沙律

FOIE GRAS　香煎鹅肝　　　　　　　　　　　　80.00
Pan-fried goose liver with glazed apple
传统配方烹制的鹅肝配糖渍苹果

MOZZARELLA E POMODORI ALLA CAPRESE　番茄芝士盘　62.00
Fresh Mozzarella di bufala and tomatoes, seasoned with olive oil and basil leaves
来自意大利的鲜水牛芝士配番茄、橄榄油和紫苏叶

SEARED TUNA FISH SALAD　煎吞拿鱼拉　　　　72.00
Seared tuna fish on a mixed lettuce stack, served with honey, lemon and mustard seeds dressing.
精心烹制的吞拿鱼配各式生菜、蜜糖柠檬及芥末籽汁

CAESAR SALAD　凯撒沙拉　　　　　　　　　　68.00
Romaine lettuce with shrimps, served with Caesar dressing, Parmesan cheese and garlic croutons
罗马生菜和鲜虾拌以凯撒汁、帕马臣芝士和蒜味面包

GARDEN'S SALAD　蔬菜色拉　　　　　　　　　38.00
Seasonal vegetables salad served with your choice dressing
Thousand Island dressing, Italian herbs dressing, Vinaigrette, French dressing or balsamic dressing
精选时令蔬菜配自选汁酱
千岛汁、意大利油醋汁、油醋汁、法式香草汁或橡木醋汁

SOUP 汤

TOM YUM KUNG　泰式酸辣汤　　　　　　　　　36.00

MUSHROOM OF CREAM SOUP 奶油蘑菇汤	36.00
MINESTRONE SOUP 意大利蔬菜汤	36.00
TOMATO SOUP WITH CHEESE FILLED TORTELLINI	36.00
意大利馄饨番茄汤	
BEEF CONSOMME 牛肉清汤	38.00
SOUP OF THE DAY 今日精选	36.00

THE SANDWICH 三明治

CLUB SANDWICH 公司三明治   66.00

Triple decker sandwich with lettuce, tomato, bacon, chicken and egg, served with coleslaw salad and French fries

金黄色的多士面包夹以生菜、番茄、烟肉、鸡肉和鸡蛋，配菜丝沙律和炸薯条

BEEF STEAK SANDWICH 牛排三明治   66.00

Grilled beef steak with focaccia bread, lettuces, tomato, gherkins, onion and truffle mayo, served with coleslaw salad and French fries

意式香草面包夹以牛排、生菜、番茄、酸青瓜、洋葱和黑菌蛋黄酱，配以菜丝沙律和炸薯条

MAKE YOUR OWN SANDWICH 自选三明治   66.00

Your choice of sandwiches:

Choice of walnut bread, Tomatoes bread, whole wheat bread, focaccia bread or Rye bread, served with ham, cheddar cheese, tuna fish, chicken, lettuce, tomato, onions or gherkins

自选核桃面包、番茄面包、全麦面包、意式香草面包或黑麦面包，配火腿、芝士、吞拿鱼、鸡肉、生菜、番茄、洋葱和酸青瓜

BEEF BURGER DELUXE 特色牛肉汉堡包   66.00

Pan-fried home made beef pate, with your choice of topped fried egg, bacon or cheese, served with coleslaw salad and French fries

经过精心腌制烹调的牛肉饼，配煎蛋、烟肉或芝士及菜丝沙律和炸薯条

PASTA & PIZZA 意大利面食和比萨饼

PENNE CHICKEN TEQUILA 龙舌兰青柠鸡肉烩曲通粉   76.00

Penne pasta with chicken chucks, onion and fresh cilantro in a Tequila-lime sauce

选用曲通粉、鸡肉、洋葱、意大利平叶芹加以龙舌兰酒及青柠烹制而成

FETTUCINI ALLA MARINARA 海鲜番茄烩阔面   76.00

Fettucini pasta tossed in a tomato seafood sauce

选用意大利阔面加以番茄海鲜汁烹制而成

TAGLIATELLE WITH CEPE MUSHROOM　　　　　　　　　　76.00

芦笋牛肝菌香草意大利宽面

Tagliatelle pasta with Cepe Mushroom, asparagus and basil pesto sauce

选用意大利宽面、牛肝菌、芦笋加以紫苏香草酱烹制而成

SPAGHETTI BOLOGNESE　　肉酱意大利面　　　　　　　　76.00

Spaghetti in a meat sauce, served with Parmesan cheese

意大利面加以自制肉酱烹制而成，配帕马臣芝士

SPAGHETTI NAPOLITANA　　茄汁意大利面　　　　　　　　76.00

Spaghetti in fresh tomato sauce, served with parmesan cheese

意大利面加以新鲜番茄汁烹制而成，配帕马臣芝士

PIZZA MARGHERITA　　玛格丽特比萨饼　　　　　　　　　76.00

Tomato and mozzarella cheese with basil pesto

番茄、毛沙芝士和紫苏酱

PIZZA QUATTRO STAGRONI　　四季比萨饼　　　　　　　　76.00

Mussels, ham, artichokes, mushroom, tomato with mozzarella cheese

青口贝、火腿、雅枝竹、蘑菇、番茄和毛沙芝士

PIZZA CAFE　　自制比萨饼　　　　　　　　　　　　　　76.00

Make your own pizza by choosing the topping you like：

任选以下配料

Meat Ham, Slami, Parma ham, Pepperoni, Smoked chicken breast

肉类 火腿、意大利萨拉米肠、帕尔玛火腿、胡椒萨拉米肠、烟熏鸡胸

Seafood Shrimp, Mussels, Tuna fish, Anchovies

海鲜 虾仁、青口贝、金枪鱼、银鱼柳

Vegetable Onions, Peppers, Mushroom, Olives, Sun dried tomato, fresh Cherry tamato, Spinach, Artichoke

蔬菜 洋葱、菜椒、蘑菇、橄榄、风干番茄、新鲜樱桃番茄、菠菜、雅枝竹

Cheese, Mozzarella cheese, Cheddar cheese, Buffalo cheese

芝士 意大利毛沙芝士、车达芝士、水牛芝士

MAIN COURSE　　主菜

CRISPY SKIN SALMON FISH　　扒三文鱼　　　　　　　　130.00

Grilled Salmon fish with Italian roasted vegetable and balsamic sauce

扒三文鱼配意大利烤蔬菜和橡木醋汁

TERIYAKI OF RIB EYE STEAK　　日式肉眼扒

Tender chunks choice rib eye steak, marinated in teriyaki sauce, and Char-broiled, served with teriyaki glaze and fresh green salad

专为您挑选的牛肉眼扒,经日式烧烤汁腌制后,炭烧而成,配蔬菜沙律

BEEF FILLET MIGNON 黑椒牛柳 180.00

Broiled tenderloin covered with black pepper sauce, served with potato Mushroom hash

炭烧牛柳配蘑菇马铃薯饼,佐以黑椒汁

LAMB CHOPS 迷迭香羊扒 162.00

Maitre Lamb chops marinated with fresh rosemary and garlic, broiled and served with port wine reduce, hummus sauce and sautéed spinach

用迷迭香和蒜腌制的羊扒,配钵酒汁、鹰嘴豆汁和炒菠菜

CHICKEN ALLA CALVADOS 卡瓦多斯烤鸡胸 92.00

Roasted maize fed chicken breast, served with apple mille feuille and Càlvados sauce

精心加工的法国黄脚鸡胸经烤制而成,配苹果酥条及苹果白兰地浓汁

GRILLED VEAL CHOP 小牛扒 192.00

Grilled a prime cut of milk fed veal's chop, served with onion mashed potato and roasted cherry tomatoes

由最精华的小乳牛肉扒烹制而成,配洋葱马铃薯泥及烤樱桃番茄

ASIAN FAVORITES 亚洲风味

HAINANESE CHICKEN RICE 海南鸡饭 76.00

Tender boiled chicken and chicken flavored rice, served with a bowl of steaming broth, complemented with ginger, chilli and dark soya sauce.

传统煮鸡和烹制的鸡饭、配浓香的鸡汤、自制的姜蓉、辣椒酱和酱油

BAK KUT TEA 肉骨茶 72.00

Meaty spareribs stewed in a rich broth with selected Chinese herbs, Served with steamed rice and "deep-fried dough stick"

精选的猪排加以中式草药烹制而成,配米饭和油条

CHICKEN CURRY WITH POTATO 咖喱鸡 72.00

Curry chicken and potatoes, served with steamed rice and papadoms

咖喱煮鸡和马铃薯,配米饭和薄脆饼

CHAR KWAY TEOW 炒贵刁 68.00

Board rice noodles fried with prawns, Chinese sausage, bean sprouts, egg and samble sauce

鲜虾、腊肠、三巴辣酱和鸡蛋配以河粉炒制而成

NASI GORENG 印尼炒饭 68.00

Indonesian fried rice with shrimps, chicken and vegetables, topped with fried egg, served with chicken and beef satay, prawns crackers and peanut sauce
精选鲜虾、鸡肉和蔬菜炒米饭, 配煎蛋、鸡肉和牛肉沙爹、虾片及沙爹酱

WONTON NOODLES SOUP   馄饨汤面   62.00
Home made wonton with egg noodles and vegetables in rich broth
自制馄饨配鸡蛋面、蔬菜及上汤

DESSERT 甜品

CANNOLI OF TWO CHOCOLATE   意式巧克力馅脆甜酥   58.00
Served with pear tartar and grappa reduction
配香梨及白兰地汁

AMERICAN BAKED CHEESE CAKE   烤芝士蛋糕   58.00
Served with fresh fruits
配新鲜水果

CHOCOLATE CAKE   传统巧克力蛋糕   58.00
Dark and white chocolate mousse, wrapped in chocolate leaf
一款风靡意大利的黑白巧克力暮司蛋糕

TRIAMISU CAKE WITH KAHLUA SAUCE   意大利鲜芝士蛋糕   58.00
SEASONAL FRUIT PLATTER   时令鲜果盘   38.00
ICE CREAM SELECTION   各式雪糕   38.00
Two scoops of your favorites and topping
自选各式口味的双球雪糕

参 考 文 献

[1] 姜文宏，王焕宇．餐厅服务技能综合实训．北京：高等教育出版社，2004．
[2] 蔡万坤．餐厅与宴会服务实训．北京：中国劳动社会保障出版社，2005．
[3] 于英丽，李丽．餐厅服务技能实训教程．大连：东北财经大学出版社，2006．
[4] 汪京强．旅游饭店中西餐饮服务实训教程．福州：福建人民出版社，2004．
[5] 戴桂宝．现代餐饮管理．北京：北京大学出版社，2006．
[6] 陈企盛．餐厅服务员综合技能实训．北京：中国纺织出版社，2007．
[7] 南兆旭，滕宝红．现代酒店星级服务标准．广州：广东经济出版社，2005．
[8] 劳动和社会保障部．餐厅服务员．北京：中国劳动社会保障出版社，2002．
[9] 饶雪梅．餐饮服务实训教程．北京：科学出版社，2007．
[10] 程新造，王文慧．星级饭店餐饮服务案例选析．北京：旅游教育出版社，2005．
[11] 饶雪梅．酒店餐饮管理实务．广州：广东经济出版社，2007．
[12] 何强．西餐服务．北京：中国人民大学出版社，2007．
[13] 姜玲，贺湘辉．西餐服务员工作手册．广州：广东经济出版社，2007．
[14] 姜玲，贺湘辉．酒吧服务员工作手册．广州：广东经济出版社，2007．
[15] 杨真．调酒师（初级、中级、高级）．北京：中国劳动社会保障出版社，2001．
[16] 谢民，何喜刚．餐厅服务与管理．北京：北京交通大学出版社，2006．
[17] 陈觉，餐饮服务要点及案例评析．沈阳：辽宁科学技术出版社，2004．